跟丰子恺一起走近十大音乐家

一个个故事、一件件趣事串联出了音乐家的一生，通过读故事的方式了解音乐家，看他们或一帆风顺或波折坎坷的音乐生涯。

越读越聪明
YUE DU YUE CONGMING

跟丰子恺一起
走近10大音乐家

康梓毓 编著

研究出版社

图书在版编目（CIP）数据

跟丰子恺一起走近十大音乐家 / 康梓毓编著.
— 北京：研究出版社，2013.4（2021.8重印）
（越读越聪明）
ISBN 978-7-80168-801-9

Ⅰ.①跟
Ⅱ.①康
Ⅲ.①音乐家－生平事迹－世界－青年读物②音乐家－生平事迹－世界－少年读物
Ⅳ.①K815.76-49

中国版本图书馆CIP数据核字（2013）第083372号

责任编辑：傅旭清　　责任校对：张璐

出版发行：研究出版社
　　　　　　地　址：北京1723信箱（100017）
　　　　　　电　话：010-63097512（总编室）　010-64042001（发行部）
　　　　　　网址：www.yjcbs.com　E-mail: yjcbsfxb@126.com
经　　销：新华书店
印　　刷：北京一鑫印务有限公司
版　　次：2013年6月第1版　2021年8月第2次印刷
规　　格：710毫米×990毫米　1/16
印　　张：14
字　　数：180千字
书　　号：ISBN 978-7-80168-801-9
定　　价：38.00元

前　言

生活在这个时代，有谁能离开音乐呢？有多少人热爱西方古典音乐呢？当人们听到贝多芬、莫扎特、舒伯特等古典音乐家的音乐作品时，所能感受到的，不仅仅是优美的旋律，充满意趣的乐思，还有真挚的情感，或欢喜、快乐，或悲伤、惆怅，或宁静、典雅，或震撼、鼓舞……

你的生活很可能已离不开古典音乐，可你知道这些经典旋律是怎样创作的吗？你知道音乐大师们创作这些旋律的故事吗？你知道这一首首优美的旋律是怎样贯穿音乐家的一生吗？我国现代文艺大师丰子恺曾著有一本《近世西洋十大音乐家故事》，书中以大音乐家们的传说和逸话，勾勒出了十大音乐家各不相同的音乐生涯，是一本不可多得的介绍西方音乐家的书。

本书依托丰子恺的《近世西洋十大音乐家故事》，撷取其中的精华片段作为切入点和叙述线索，以浅显生动的笔触讲述海顿、莫扎特、贝多芬、舒伯特、柏辽兹、肖邦、舒曼、李斯特、瓦格纳、柴可夫斯基这十大音乐家的故事。在编撰本书时，我们参考了大量的音乐家传记，试着用那些最生动的趣事，一生中最亮的闪光点，来展现大音乐家的音乐生涯与人生轨迹。

在这里，一个个故事、一件件趣事串联出了音乐家的一生，通过读故事的方式了解音乐家。看他们或一帆风顺或波折坎坷的音乐生涯，他们在艺术追求上的执著与勤奋，他们未曾动摇的音乐梦想与伟大志向。他们同样苦难的生活，他们分外浪漫的爱情，他们炽烈的情感，他们博大的情怀。

看顽皮的小海顿是如何得罪皇后的，看音乐神童莫扎特的无限风光，看小贝多芬曾经受过怎样的"魔鬼训练"，看舒伯特在伯爵家的那段幸福，看柏辽兹在解剖室里的糗事，看肖邦用音乐为祖国战斗，看舒曼与克拉拉波折浪漫的爱情，看瓦格纳与国王神秘的友谊……

海顿告诉我们"我虽是坐在满是虫蛀的钢琴前，也从未羡慕过王侯"；莫扎特告诉我们"有许多人是用青春的幸福作成功的代价的"；贝多芬告诉我们"划分天才和勤勉之别的界限迄今尚未能确定——以后也没法确定"；舒曼告诉我们"勤勉而顽强地钻研，永远可以使你百尺竿头更进一步"……

这里以故事形式生动地描述了十大音乐家的人生经历和艺术生涯。让我们跟丰子恺一起走近十大音乐家，了解他们的人生故事，他们的坎坷波折，他们的低谷与高峰，他们的精神世界，他们成功的源泉。

目 录

贝多芬

舒伯特

柏辽兹

肖邦

舒曼

李斯特

❧ 瓦格纳 ❧

❧ 柴可夫斯基 ❧

海 顿

（1732年3月31日—1809年5月31日）

我虽是坐在满是虫蛀的钢琴前，也从未羡慕过王侯。

　　弗朗茨·约瑟夫·海顿（Franz Joseph Haydn），奥地利作曲家，维也纳古典乐派的奠基人和杰出代表，绰号为"海顿老爹"。海顿是世界音乐史上影响巨大的重要作曲家，他因对两种音乐体裁的发展做出了重大贡献，常被称为交响乐、弦乐四重奏之父。

拉响小提琴

> 海顿的出身很是平常。祖先中没有高贵的名人，又以车轮匠为父亲，其微贱可想而知。贫乏是他的一生的伴侣。幸而有两亲的慈爱与家庭的和平，幼年的海顿很健全地长育了。
>
> ——摘自丰子恺《近世西洋十大音乐家故事》·海顿

在奥地利与匈牙利接壤的地方，有一个叫罗劳的边境小镇。在镇上集市的尽头处，有一户贫寒之家：他们用破破的茅草做屋顶，用森林里的粗木枝做栅栏，院子里到处是鸡鸭的粪便，门口那条不甚宽阔的小路，也是泥泞不堪。1732年4月1日，就在这个破破的茅草屋里，诞生了一个可爱的小男孩，取名弗兰茨·约瑟夫·海顿。他出生时哭声震耳欲聋，邻居打趣说："哟哟！这嗓门，以后要成大歌唱家了哟！"不想这句话居然成了真。

海顿的家里虽然贫穷，但是父母都非常疼爱他。每天晚上，母亲就抱着他，在昏暗的房间里伴着莱塔河潺潺的水声，唱摇篮曲给他听。海顿的父亲是一个车轮匠，虽不识半个文字，却非常热爱音乐。他看不懂乐谱，却能弹一手好竖琴。每天辛苦地劳动后，他总是把家里人都召集在院子里一起聊天唱歌，好不快乐！而那个时候的小海顿也十分顽皮，经常折一根树枝，模仿村子里小学老师的样子，用树枝当琴弓拉小提琴。他可爱的双亲就配合着他"幼稚"而童真的行为，一起拉琴、唱歌。

在海顿6岁那年，有一天一位远亲来他家拜访。因为家里的房子小，母亲只好将桌椅拿出来，在院子里招待他。那客人是海顿后祖父的女婿，名叫弗兰克，除了在海茵堡做老师以外，还兼管唱诗班。他看见小海顿蹲在院子的一角，认真地做着什么，出于好奇便走了过去。只见海顿一手拿着木棍，另一手则拿着小刀在上面削来削去。弗兰克好奇地看着他这奇异的行

为，想看出个所以然，可是过了好久，看海顿还在那里削棍，便禁不住问了声：

"你这是在做什么呢？"

"削棍。"

"为什么削棍呢？"

"磨平。"

"那磨平做什么呢？"

问到这个问题的时候，小海顿终于转过身来，对弗兰克报以灿烂的一笑，说："磨平了就可以做琴弓了！"

晚上，海顿的父亲干完活回到家来。他像往常一样，拉竖琴给家里人听。这时，小海顿突然站在椅子上，拿出白天削得整整齐齐的那根木棍，假装自己手上有小提琴的样子，伴着父亲的琴声，拉小提琴。月色下，他的小身子在竹木椅子上晃来晃去，虽然手上那根小木棍并没有发出一丝声音，他自己却非常陶醉，好似父亲的竖琴声就是他手下木棍琴弓所发出来的声音一样。一板一眼的，节奏准极了。这架势，让路过来访的弗兰克吓了一跳。他心中感叹着：这孩子的乐感真好啊！在音乐上好好栽培，一定会有大出息的！

随后，弗兰克便提出把小海顿带回海茵堡，让他去自己那学习"音乐的入门知识"和其他孩子必须具备的东西。海顿的父亲非常热爱音乐，听了弗兰克的建议，欣然同意。母亲虽然很犹豫，但考虑到孩子的未来，也不情愿地点头了。

就这样，小海顿跟着弗兰克，开始了新的生活。

罗特的考验

千七百四十年春，海顿八岁了。当时维也纳的圣斯特凡教会派人到海茵堡，来招考合唱歌手。海顿受过试验，成绩很合格，就被录入了圣史蒂芬教会的合唱队中，这时候海顿年龄还只八岁，自己很晓得努力用功，生活十分刻苦。

——摘自丰子恺《近世西洋十大音乐家故事》·海顿

6岁的海顿离开家，跟着弗兰克来到海茵堡。弗兰克和他的太太都非常疼爱他，总是做他最爱吃的姜汁饼。海顿爱整洁，弗兰克夫人就为他买了新的假发套，每天早晨帮小海顿梳头发，套假发套。但是，弗兰克是位严厉的老师，他认为只有棍棒教育才能将知识灌输到孩子们的脑袋里。有时弗兰克教他辨音，稍有错误，便是一个巴掌。海顿常打趣说，弗兰克老师家的姜汁饼特别可口，但是自己吃的姜汁饼的数量也没有挨的巴掌多。在那里，海顿学习唱歌，弹奏钢琴，拉小提琴，并接受音乐的启蒙教育。弗兰克严厉的教育，让海顿进步得很快，不久，他就可以熟练地演奏小提琴和羽管键琴了，声音也更加悦耳了。而机会偏偏就在这个时候给了海顿这个有准备的人。

海顿8岁那年，维也纳宫廷乐长乔治·罗特来到海茵堡，为圣斯特凡大教堂唱诗班寻找歌手。当他听说海顿有着"纤细但悦耳的嗓子"时，便立即把这个小歌手召了进来。

为了检验海顿的歌唱能力，罗特让他试唱卡农的一段曲子。海顿的歌声果然没有令他失望，他激动地往海顿的帽子里扔了一大把樱桃。不过，罗特同时也发现海顿不会唱颤音。他好奇地问：

"我的小朋友，你为什么不会唱颤音呢？"

海顿听了不解地回答说："您怎么能指望我会唱颤音呢？就连弗兰克先

生也不会唱呢！"没想到小海顿居然会这么回答，逗得罗特哈哈大笑。罗特把他拉到身前，亲自教他如何唱出颤音。

"来，孩子。吸气，从肺部呼出气流。"

"让嗓子颤抖起来，很好。"

罗特仅用了简单的描述，海顿就马上学会了，这让他振奋不已。他给海顿远在罗劳的父母写信，请求他们把孩子交给他，带到维也纳去。这次，海顿那热爱音乐的父亲再次同意了。就这样，在1740年的某一天，罗特带着小海顿离开了海茵堡。海顿从此踏上了在圣斯特凡大教堂唱歌的岁月。

勤奋的歌童

住在罗劳村中的两亲生活依然贫乏，不能供给他充分的用费，买书籍的钱常常不足。有一次父亲把血汗换来的六个弗洛林寄给儿子买书。海顿用这钱买了一册对位法和音乐的教科书。又买了些五线纸，珍重宝惜地使用。

——摘自丰子恺《近世西洋十大音乐家故事》·海顿

137米高的大塔尖直入云霄，层层圆珠环绕，像一顶缀满珠宝的皇冠，浑厚有力的钟声响起，在高空中散开，笼罩在广场上，萦绕在建筑物之间，余音不断……此时的海顿，在罗特的带领下，来到了维也纳圣斯特凡大教堂前。沿着教堂大尖塔内狭窄的345级旋转楼梯，海顿欢快地一口气爬到塔顶，维也纳市区的全部景色顿时一览无遗。听着那一声一声摄人心魂的钟声，海顿的心激动不已。维也纳！音乐之都！我来了！

在欧洲的宗教界，总有些残忍的行径。海顿刚来到唱诗班，罗特就提出要给他做阉割手术，以保持他美妙的童声。这遭到了海顿家人的强烈反对。为此，罗特一直怀恨在心，原本承诺给海顿的单独辅导，也成了一纸空文。

不仅如此，罗特只要有机会就对海顿羞辱一番，以此报复海顿。但是，罗特的辱骂声并没有让海顿泄气。他一直自信地认为，自己的喉咙里蕴含着一股力量，只要自己努力培养，就一定会成功！

海顿在唱诗班里，既要学习普通学校应有的课程，又要学习宗教和拉丁文，而在音乐方面，小提琴、钢琴、声乐也全部要掌握。每天，孩子们站在哥特式讲台前进行枯燥的宗教仪式的演练——视唱练习加赞美诗，赞美诗加视唱练习。翻来覆去，覆去翻来地唱同样的东西：

"至高，全能，全善上主，赞美荣光！"

"至高，全能，全善上主，赞美我主！"

"赞美，赞美，我主！"

看着每天都练习同样的东西，海顿有点泄气。他想学更多的知识。当看到指挥手里的那本谱子的时候，他想到了谱曲。这曲子是怎样产生的呢？一个一个的音符拼起来的？那么如何拼音符呢？海顿在五线谱上努力写下数不清的音符，拼命想用他学到的那点知识来表达。那时候傻傻的他以为，只要把五线谱上写满音符，就会成为音乐。他把写好的曲子给罗特看，得到的除了否定外，还外加白眼和不屑的嗤笑："以你现在的水平，应该先好好练练抄乐谱！"

冷笑声一直回荡在海顿的耳边，不过，他可不会那么轻易地就放弃。他向父亲要钱买音乐理论方面的书："爸爸，我只要一个弗洛林！"父亲听到了儿子呼唤声，东挪西凑地为儿子凑了六个弗洛林，给他寄了过去。海顿跑到书店，用手上所有的钱买了学习音乐的书，像法可斯的《对位法进阶》和马特西森的《完美指挥》。等到晚上大家都休息了，海顿就把它们拿出来，借着走廊里的烛光，在圣母的雕像下，认真地研读。他在圣斯特凡努力用功地学习音乐，很多年后当他已成为音乐巨匠，再来到维也纳的时候，他鼓励那里的唱诗班歌童们说：

"我也曾是名歌童，罗特把我从海茵堡带到维也纳来。别人玩耍的时候，我却拼命用功。我总是把我的小琴往胳肢窝里一夹，找个僻静的地方专

心练习。我每唱一支独唱曲后，圣斯特凡大教堂边上面包店的老板总会送我一块蛋糕。你们要听话，用功，一辈子做上帝的奴仆。"

皇宫里闯祸

有一天这歌唱队在御前演奏。玛利亚女皇听见海顿的歌声，觉得不快，批评他说："这孩子的歌声像老鸦噪。"指挥者就渐渐不喜欢海顿了。

——摘自丰子恺《近世西洋十大音乐家故事》·海顿

坐落在维也纳西南部的美泉宫，是奥地利的皇家夏季寝宫。皇后玛利亚·特雷西亚经常在那里的皇家公园举行音乐会。那年夏天，皇后打算在后花园的里修建一套希腊人物的雕像，为了解闷，便请来了海顿所在的唱诗班。

年少的海顿头一次来到豪华的皇宫，巴洛克式的宫殿，洛可可风格的房间，法国式后花园，看得海顿目不暇接。林荫道的旁边，有44位希腊人物的雕像。"恩，宙斯、阿波罗、雅典娜，这些我都认识。"海顿走着，突然路过一个手举一筐果实的雕像。"这个是什么呢？她手上举着什么？"出于好奇，海顿爬上了雕像旁边的梯子。他晃晃悠悠爬上去，小伙伴们在周围喝彩。当他独自爬到最高处时，正巧让皇后从窗口看见了。"快去！把那个黄头发的榆木疙瘩给我拉下来！"皇后命令手下的人去处置海顿，"居然敢爬到我的雕像上！"

原本罗特就不喜欢海顿，这下趁着这个机会，狠狠地修理了一顿海顿。"把你那双罪恶的'爪子'给我伸出来！"，"啊！"传来的不是海顿的抽噎声，而是罗特卖力打的呼声。

祸不单行，那天晚上唱诗班为皇后举行歌唱会。

"殿下，这是我们奥地利最好的教堂唱诗班。"乐长站在皇后边上，使劲地谄媚着，献着殷勤。

孩子们站成两排，罗特站在前面指挥。我们要为皇后表演一首赞美诗，罗特说。

跟着乐器的节拍，孩子们齐声激昂地唱着。

"赞美，赞美，赞美我主！"

……

当唱到轻柔的高音部的时候，突然有一声大低音打破了原本美妙的歌声。全场哗然，观众席的大臣们你看看我，我看看你。而站在前台歌唱的孩子们则齐刷刷地把眼光扫向海顿。皇后看着他那头金灿灿的头发，突然反应了过来，"黄头发榆木疙瘩！"

"好讨厌的乌鸦叫呢！"皇后轻蔑地扫了罗特一眼。

海顿这时候已经长成一个大男孩了，到了变声期，嗓子很沙哑。但他性格一向开朗，并不嫌弃自己的声音。但是这次演出一不小心就惹了大麻烦。这下，罗特更讨厌他了。可是，偏偏顽皮的海顿自己也"不争气"，又给了罗特一个"大好"机会。

当时，海顿得到了一把小剪子，非常喜爱。没事儿就揣在兜里，只要遇到可以剪的东西，就要拿剪子试探一下。上课的时候，坐在他前面的同学梳了一个小辫子。他看着人家的小辫子，又摸到了自己的剪子，禁不住就拿剪子把人家的辫子给剪了。这时的海顿已经17岁了，做了这般顽皮的事情，罗特宣布要让他离开圣斯特凡唱诗班。

于是，海顿在挨了打后，被赶到了维也纳的大街上。冬日里的雪花凄凄凉凉地下着，口袋里一分钱也没有，带着自己沙哑的声音，可怜的海顿离开了圣斯特凡唱诗班。

 # 贫困与乐观

　　十七岁的海顿在举目无亲的维也纳冬日的街头彷徨，一时无所归宿了。幸而天道有知，不久就来了救星。

　　……

　　同居者有一个诗人名叫梅塔斯达索的，为爱海顿的乐才，推荐他与人家做音乐教师。又绍介他给当时有名的一个音乐家。海顿就做了这音乐家的伴奏者，又帮他做各种事，简直与仆役一样，揩皮鞋、刷洋装、送信、当差使，没有一事不做。这音乐家的姓名到现今早已为人所忘却，他的仆役海顿倒成了大音乐家而留名千古，世间的事真是离奇！

　　　　　　　　　——摘自丰子恺《近世西洋十大音乐家故事》·海顿

　　离开圣斯特凡后，海顿的日子并不好过。为了挣一口面包钱，他拿着破旧的小提琴在街上演奏，以求施舍。他还试着给别人上课，在各种舞会、婚礼和洗礼上担任乐师。有时，像看门、送信、擦皮鞋这些活，海顿也会做。

　　恰好当时菜市场上旧米夏埃尔大楼里，在"靠近众神与云彩"的地方有一间小阁楼，海顿就把那里租了下来。平时，白天他就出去工作，晚上回到家中学习、作曲。那租住的房子不仅不舒适，还很小，小到只能刚好容下海顿转身而已。此外，到了冬天也没有炉火，海顿常常冻得半夜惊醒。屋顶上满是大小不等的洞，若是有几个雨点什么的，必会淋湿海顿的被子。但他自己却非常乐观，他常得意地跟邻居说：他有一架布满蛀洞的旧竖琴，有一个健康的身体，还有着昂扬的斗志。尽管现在他还什么都不是，但是他还年轻，充满斗志。只要自己肯用功，就一定能出人头地。

　　他那时过得很穷困，看起来就像是路边的乞丐。据说有位夫人看到他的一部作品，非常喜欢，想要见一见他本人。接到夫人的邀请，海顿很开心，换了一套最体面的衣服去见夫人。谁知，夫人见到他，竟将他当成是路边的乞丐，冒名顶替海顿来自己家蹭饭吃的。海顿只好将自己卑微的出身以及现在贫困的经济状况告诉夫人，这才打消了夫人的疑虑。

在米夏埃尔大楼里，他的邻居从印刷工、男仆到厨子，各行各业，形形色色，什么样的人都有。也许是命运的眷顾吧，在这栋大楼里，搬进了一位和他一样出身贫寒的艺术家——梅塔斯达索。他是一个伟大的诗人、歌剧家。两个人在一起，共同语言很多，成了非常好的朋友。当时，梅塔斯达索正在马丁内兹家教书，这家的小姐正好需要一个音乐老师。梅塔斯达索见此便将海顿介绍给了马丁内兹家。海顿住在那位小姐家的豪宅中，白天教她钢琴，晚上就窝在自己的小屋里，学习从她家借来的音乐书籍。

梅塔斯达索这个热心的人，还为海顿引荐了声乐大师尼科尔·波尔波拉。在当时的维也纳，波尔波拉已经成为音乐界里的巨擘。海顿为了向他学习，不惜到他家打杂：为他擦靴子，梳理假发，刷外套，送信。不管多卑微的活儿，海顿都做。对于海顿来说，这些虽然既卑微又辛苦，但是可以学到很多东西。很多年后，当海顿回忆起那里的生活的时候，他总是说："在波尔波拉那儿，我学了很多，声乐、作曲和意大利语都受益匪浅。"

窗外的音乐

千七百五十一年，有一天晚上，海顿像乞丐一样站在街头指挥五重奏，藉以卖钱糊口。其地点恰好在一个当时有名的喜剧作者又剧场支配人的住家的窗下。这人名叫费律克司·克罗芝，他听到了窗外的街头音乐，看出了海顿的音乐特才，就呼他停止演奏，招待他到自己家里来。费律克司有一首歌剧，是自己作词的，就请海顿为他作曲。其歌剧后来在各处开演，但现今乐谱已经亡失，不复传世了。

——摘自丰子恺《近世西洋十大音乐家故事》·海顿

在离开圣斯特凡后，海顿在维也纳度过了将近10年的流浪生活。那时的他，虽然还只是一个无名小卒，但是在日复一日的努力下，他的音乐水平越来越高，有时不经意地展示一下，就让身边的人大为惊叹。

据说，有一次海顿去施蒂里亚地区的玛利亚采尔朝圣。因为自己信仰天主教，又听说那里的圣母像很灵，便非常想加入那里的唱诗班。他向指挥展示自己的作品，并介绍自己曾在圣斯特凡大教堂唱诗班受过8年的专业训练，但是唱诗班指挥并没有被打动。"从维也纳来到这里的音乐混混我见多了。"他说。但是海顿可不是能轻易被打发掉的。他偷偷溜进唱诗班，趁着领唱的歌手唱到一半的时候，一把抢过那人手里的乐谱，接上领唱的部分，唱了起来。当时，"唱诗班所有的成员全都屏住了呼吸，听他演唱。"指挥听说了这件事，立即把他请去，为自己先前的鲁莽道歉，并请他去自己家住了一星期。

还有一次，有天晚上，海顿在街头卖艺。他表演的地方恰好是一个有名的喜剧作者家克罗芝的窗下。小提琴、中提琴与大提琴的声音相互交映，优美的五重奏让路过的人们都停下来驻足欣赏。海顿的表演，一下子就抓住了克罗芝的眼球。他在窗口叫了一声："小伙子，上来！"海顿去了他家，他让海顿弹钢琴给他听，还让海顿即兴就"海啸"这个主题表演一段钢琴曲。海顿一直生活在陆地，从未见过海啸，对于"这个可怕的怪物"不甚了解。试了好几次，克罗芝都不满意。最后，海顿实在没了信心，就拿手从羽管钢琴的两端飞快地往中间一拢，起身站起来，大叫了一声："魔鬼带走了暴风雨！"谁想这一下竟然让克罗芝非常满意。"太棒了，就是这样！"他扑过去钩着海顿的脖子，勒得他够呛。

克罗芝让海顿认识了歌剧。没过多久，这位喜剧作者兼剧院经理写了一部叫《新跛足魔鬼》的歌剧剧本，让海顿帮他谱曲。第一次给歌剧谱曲，海顿充满了兴趣。他用顽皮轻快的调子，将歌剧想要表达的诙谐幽默表达得淋漓尽致。1752年，在维也纳剧院进行的首演，高票房的收入标志着海顿在音乐上的初次成功，而24个达克特的报酬也让他兴奋不已。

随着海顿在维也纳所取得的成就，他开始得到更多贵族的认可。他在冯·福恩伯格伯爵家里担任音乐会指挥，为他写了自己的第一部弦乐四重奏。还为莫尔钦伯爵谱下了他的第一部D大调交响曲。保罗·埃斯特哈奇亲王来到莫尔钦伯爵府上做客，听到海顿的作品，也颇为欣赏。海顿这颗金子开始发光了。

亲王的礼遇

千七百六十一年，海顿受匈牙利公爵埃斯特哈奇的招请，来到其地，任副乐长之职，不久升任为正乐长。埃斯特哈奇是匈牙利最富裕而最有势力的贵族之一，对于艺术也有很深的理解。海顿在这公爵的领域内为乐长，继续至三十年之久。

——摘自丰子恺《近世西洋十大音乐家故事》·海顿

海顿在莫尔钦家做乐长时，埃斯特哈奇亲王曾到他家做客。海顿清新的曲调，让这位亲王大开眼界，他心想着以后若有机会，一定要把海顿请到他那里去。碰巧不久后莫尔钦坠入经济危机，将家里的乐队解散了。失了业的海顿便来到了埃斯特哈奇亲王家。

那时的音乐家与现在不同，没有独立的身份地位，是依靠王宫贵族的仆人。他们主要的生活方式就是做上几曲悦耳的音乐，以讨自己保护者的欢心；要不就去教会，做几首毫无血气的宗教音乐。在当时，埃斯特哈奇家族是匈牙利最富裕、最有势力的亲王之一，而亲王保罗·埃斯特哈奇又非常热爱音乐，能在他家当差，海顿自然很高兴。

不过，在显赫的贵族家里当差，可不是那么容易的事。既要恭恭敬敬地服侍亲王们，又要遵守各种死板的礼仪。上班时必须要穿上绣金花背心，白色长筒裤袜，头戴假发或梳辫子，脸上还要擦上香粉。每天午餐后，要恭候在客厅里，等待主人有关当天音乐活动的安排指示。此外，还要监督乐队的纪律，看管好每件乐器，给新手上课，提高乐队水平，等等。虽然这贵族的礼仪近乎苛刻，但海顿在岁月的洗礼下，早已磨砺出了温和的性格，在亲王的庇护下，海顿过得很顺。

　　他无须再在寒冷的屋檐下居住，无须在十字街头演奏，也无须在食品店里卖唱。埃斯特哈奇家族非常欣赏海顿的才华，付给他的薪资也一涨再涨。引领他进入埃斯特哈奇家族的保罗老亲王付给他400弗洛林；继任的尼古拉斯亲王给他加到600弗洛林，后来又加到782弗洛林；最后，他的薪水达到1400弗洛林。

　　他也无须再面对他那彪悍的妻子。在他流亡街头，住在理发师家里时，理发师强硬地把长他两岁的大女儿嫁给他。那姑娘根本不懂音乐，总是拿海顿刚写好的谱子擦桌子、包点心盒，没事儿就跟海顿打架。

　　在不愁吃穿的埃斯特哈奇亲王家，海顿一步一个脚印地创作新的乐曲。而亲王呢，他非常满意海顿的作品，有时还会付给海顿几个达克特作为小费。并且，作为乐长，海顿可以很便利地将刚做好的乐曲进行实验。"若是我昨天晚上创作出一个交响乐，第二天早上就可以让我的乐队试奏，边听边决定哪部分要修改，哪部分要删节。"

　　海顿在埃斯特哈奇家族工作了三十年，年长而亲切的他，对手下的乐队成员也非常关心，即便是生活上的琐事，海顿也会帮他们打理。他们亲切地叫他"海顿爸爸"。

孤寂的小调

千七百六十六年，公邸转移，海顿也跟了迁地，新公邸非常豪奢，有成列的树木、人工的洞窟、温室、花园。每夜大开华宴。然而在这公邸服务的音乐家，并不见得幸福，他们需受贵族的指挥，没有自由独立的地位。

——摘自丰子恺《近世西洋十大音乐家故事》·海顿

在埃斯特哈奇家族，海顿每日都在亲王身边工作，很少会受到外面的干扰，他创作的作品越来越多。没过几年，声名就传了出去。1766年的《维也纳日志》这样描写他的作品：

"他的音乐中充满了美与纯，以及一种雅致而高贵的淳朴感，令每个聆听的人为之所吸引。他的室外嬉戏曲、四重奏和三重奏作品好比是一股清澈的溪流，被一阵南风吹起阵阵涟漪，继而激起朵朵浪花奔腾而去，却又不偏离既定的轨道。他的交响曲充满了力量与含而不露的同情。在他的康塔塔作品中，同时展现了他魅惑与亲切的双重面貌，而他的小步舞曲则充满了欢快和幽默……"

埃斯特哈奇家族为海顿带来了充足的物质生活的同时，也为海顿带来了繁重的工作。在老亲王保罗去世，他的弟弟尼古拉斯继任后，海顿的工作就更辛苦了。尼古拉斯热爱音乐，精力也非常旺盛，他总是给海顿布置很多任务，并且要求海顿的乐队跟他一样精力旺盛。这位亲王对自己家的乐队非常满意，总是拿出去炫耀。就这样，皇亲国戚、王孙公子们一拨接着一拨地来到王府，欣赏海顿的演奏。这来访的人中也包括皇后玛利亚·特雷西亚，她曾在美泉宫把海顿从雕像上"摘"下来。

"您当年好好地教训了我这个'黄头发榆木疙瘩'呢！"

"是啊，"皇后听完他的演奏后说，"这效果不是很明显嘛！"

演奏加上大量的作曲，这些都让海顿很少有时间做自己想做的事。他想去50千米外的维也纳参加音乐节，可是却连24小时的假也请不到。他觉得自己的生活就好像笼中的金丝雀一般，虽然高贵优雅但却没有自由。他在一封信里这样写道：

"我注定要被绑在这里了。你可以想象得出我因此而失去的一切。总是做个奴隶真是令人悲哀，但天意如此也无可奈何了。我是个可怜虫，总有干不完的活儿在等着我，几乎没有消遣的空儿。"

而他的这种困扰很快就成了乐队所有成员的共同困扰。1776年的时候，尼古拉斯在一个可以俯瞰诺吉托拉湖全景的风光明媚的地区，修建了一座豪华、壮丽的宫殿，亲王给它取名"埃斯特哈奇堡"。过了几年等到宫殿建好了，亲王便兴致勃勃地带着海顿和乐队来到自己的"新居"，每日赏乐欣赏景色，一待便是大半年。那个时候，正值禁令严格执行时期，而亲王又规定乐队团员和杂役们不许带家属进入宫殿，日日思念家人的团员们都变得心情沮丧。自海顿来到亲王家以后，一直像父亲一样疼爱团员，加上他在亲王那里比较有威信，所以很多团员便请求海顿想办法解决这个问题。一番苦思冥想后，海顿终于想出了一个巧妙的办法。

他构思了一部交响曲，在乐曲的最后部分，安排了一个特别的节目。那天，当演奏到第四章节的时候，乐队团员们突然放下乐器，从台上走下来。他们一个个收拾好乐器，吹灭谱架上的蜡烛退场，只剩下极少数的几个人，在昏暗的舞台上继续演奏。孤寂的升F小调凄凄凉凉地延续着。公爵听到这曲演奏，领悟到其中的寓意，第二天便马上下令让全体人员放假回家了。这首"醉翁之意不在酒"的交响曲，就是流传至今的著名的《告别交响曲》。

伦敦的热捧

　　到了千七百九十一年的元旦，他就做了伦敦的人。海顿在英国，名望非常盛大。后来做乔治四世的当时的英国皇太子，对于海顿也非常赞仰。

　　　　　　——摘自丰子恺《近世西洋十大音乐家故事》·海顿

　　1790年，对于快60岁的海顿来说，是个好年头。这年，尼古拉斯亲王逝世，他的儿子安东·埃斯特哈奇继位。和父亲相反，安东对音乐并不感兴趣。他解除了父辈们辛苦栽培的乐队，出于对海顿这名老将的尊重，安东宣布会继续在经济上供给他，每年按时发给他养老金。

　　走出埃斯特哈奇家族，去外面闯荡，一直以来都是海顿的梦想。而所罗门的出现，则将海顿的梦想带到现实中。这位在德国波恩出生的乐队组织者，听说海顿"退休"后，马上出现在海顿家门口，刚进房间，就开门见山地说："我是所罗门，特地从伦敦赶来接您，具体条件我们明天再谈。"当时，伦敦是世界上经济最发达的城市，但它的音乐水平并不高。所罗门看到这座城市中所蕴含的商机，便到世界各地寻找音乐人才，好在伦敦开音乐会挣钱。很久以前，他就把海顿当作自己音乐会的重要目标，但迫于海顿的工作一直没实现，现在机会来了。

　　于是，志同道合的两个人踏上了通往伦敦的轮船。伦敦真不愧是当时的经济发达城市，海顿刚到那里，这新闻就马上传开了。每天，都有很多人来拜访他。伯爵、大使、各音乐机构争相向他表示致意，连诗人都为他拨动琴弦，唱起颂歌：

　　欢迎您，大师！来到我们这个受到青睐的岛国，

　　它对您的大名与风格是已倾心。

愿您的创作之泉源远流长，

以最初的速度分成几股小溪奔流不息，

为每一个奇思妙想提供表达的技巧，

让每一道溪流都引领一门科学前进！

海顿的社交活动一下排了好几周，他幽默地对德国的朋友说："我可以每天都在外边吃饭。"在埃斯特哈奇家族，海顿只能算是一个高级"音乐奴仆"，但到了伦敦，人们把他像神一样膜拜，这让海顿受宠若惊。据说，海顿为了检验自己受欢迎程度的真实性，还做过这样一个摸底调查：

有一天，他把自己打扮得整整齐齐，去了伦敦的一家音乐书店。看到架子上整整齐齐的钢琴曲，海顿让老板给他拿一本当今最受欢迎的。老板兴冲冲地把一本海顿刚出版的钢琴奏鸣曲拿了过来，海顿看了一眼自己的谱子，说："还有更好的吗？我不喜欢这个。"

书店老板听后禁不住大叫起来："你说什么？不喜欢？要知道，这可是海顿先生的作品！"

海顿说："我就是知道是海顿的才不要的，还有更好的吗？"

"比海顿的还要好？我告诉你，没有！"书店老板看着这个不知天高地厚的家伙，气得火冒三丈，"你这个不识货的蠢货，快滚出去，海顿先生的作品有的是人买！"

看着书店老板这么维护自己的作品，海顿心里别提多得意了。他赶紧向老板亮明了身份，得知因由的老板立刻转怒为喜，激动地抱着海顿大叫……

然而，并不是所有的人都像书店老板这样，用灵魂听懂了海顿的音乐。有很多经常来听海顿音乐会的客人，虽然每次都来，但实际上并听不懂音乐。他们来听海顿的音乐会只是为了表现自己所谓的高雅品位，在那里附庸风雅，每每都在乐队演奏时打瞌睡。海顿知道这些事后，决定好好"教育"一下他们。

新作品演奏那天，这些贵族又像往常一样来到汉诺威广场音乐厅。开幕后，音乐像往常一样演奏。第一乐章的速度很快，轻快舒畅。第二乐章的速度逐渐变慢，就像一首天真烂漫的童谣。在这种催眠式的音乐下，贵族们又开始昏昏欲睡。这时，乐队的奏乐风格突然转变，一下子爆发出强烈的声音，定音鼓猛烈地敲击着，如惊雷一般。这石破天惊的声响一下子把所有的人都惊醒了，女士们吓得叫起声来，男士们则有的脸色苍白，有的不停地拍着自己的胸口。看着他们突然被吓醒的样子，海顿在心里偷偷暗笑。而出了丑的贵族们，在发觉到海顿此次作曲的目的所在时，也不好意思地哈哈大笑起来。

在伦敦和所罗门合作的时间里，海顿一共创作出12首交响曲，它们也被称为《伦敦交响曲》。伦敦人非常热爱海顿的音乐，他们甚至用自己国家最杰出的名字来命名海顿，称他为"音乐界的莎士比亚"。

创世纪之作

亨德尔是海顿前一时代的德意志大音乐家，是海顿所景慕的人，海顿逢到他的纪念演奏会，也出席去听亨德尔的音乐。演奏到亨德尔的名作《哈利路亚合唱》，全体听众大家起立致敬的时候，六十老翁的海顿感激之余，突然叫道：

"亨德尔是我们一切人的先师！"

就像小孩子一般地哭泣起来，听众大家肃然感动，这真是海顿的天真烂漫的本色。

......

海顿对于亨德尔的音乐非常感激，在前面已经说过了。他特别赞美亨德尔的名作神剧救世主。他的朋友沙洛门为他说种种的暗示与意见，使他更加感激，就决心作大神剧《创世纪》了。

——摘自丰子恺《近世西洋十大音乐家故事》·海顿

海顿的伦敦之行，名利双收。但是此时对他来说，赞美已经不是最重要的了。此次伦敦之行最大的收获，是他应邀参加了亨德尔音乐节的《弥赛亚》。亨德尔是著名的英籍德国作曲家，清唱剧《弥赛亚》是其一生中最成功的歌剧作品。英国人民为了纪念他，定期举行亨德尔音乐节。当海顿来到第六届亨德尔音乐节，看到《弥赛亚》这部大气磅礴、惊天动地的清唱剧时，感动得泪流满面。

海顿出生在一个信奉上帝的家庭里，童年时又被送到圣斯特凡大教堂唱诗班。他是从吟唱圣歌开始学习音乐的，整个青少年时代的成长，也是在教堂里度过的。这部根据《圣经》创作出来的《弥赛亚》一下子敲响了海顿内心深处的灵魂。他想为他神圣的上帝做点什么。在所罗门和朋友们的支持下，他打算作一部清唱剧《创世纪》。

那个时代的欧洲，清唱剧是基督教教会音乐的主要歌剧形式。海顿选录《圣经》的第一部经书作为《创世纪》的故事蓝本。它讲述的是上帝创造天地光明，世间万物，虫鱼鸟兽，最后还创造了亚当和夏娃，因为偷吃禁果，他们创造出了最初的人类。海顿的清唱剧《创世纪》共分为三部，第一部描写的是上帝创造出日月星辰，即上帝创世的前四天；第二部描写的是上帝创造出虫鱼鸟兽和亚当夏娃；最后一部则描绘了人类始祖亚当和夏娃在伊甸园里赞美上帝。

《创世纪》的创作，是海顿最为艰辛漫长的一部巨作。那时他已经是60多岁的老人了。手握鹅毛笔，他经常觉得看不清乐谱上的音符，到底画没画到线上呢？上次写到哪里了呢？海顿总是觉得自己的记忆力在衰退，经常不明缘故地听到耳鸣声，嗡嗡地伴随着神经痛一下一下地。海顿在给布赖特科普夫与哈特尔出版社的信中说：

"《世界日报》给了我很多赞誉，甚至对最近几个作品的狂热也是如此；但没有人知道我创作这些作品所承受的巨大压力和辛勤付出，在这期间我的脆弱记忆和随时紧绷的神经几乎被逼到极限，使我陷入极端孤独的情绪中。那些日子里我几乎没有能力想出一个创意。直到上帝的旨意让我的心重新焕发活力，当我坐在钢琴前再次敲击琴键时，我才恢复过来。然后一切才好起来了，感谢上帝。"

经过18个月的艰苦创作，1798年，海顿的清唱剧《创世纪》终于作好了。经过紧张的排练，这部作品登上舞台。所有看过的人都用"伟大""壮丽"这样的词汇来形容，谁也不相信海顿是在这样的年龄里创作出来的。人们甚至说，这是上帝借着他的手笔在书写。

之后他又创作了《四季》这部清唱剧。来自欧洲各国的奖章、证书和礼物络绎不绝，不过已经年近70岁的海顿已经很难消受了。一生辛苦的劳作，对海顿的身体伤害很大。进入老年后，海顿的身体一天天变坏。他常常莫名其妙地觉得筋疲力尽，经常觉得头痛，时不时的总感觉脑子里有音符飘来飘去。而他的心跳也会跟着音符的节奏增强或减弱。

1809年，拿破仑炮轰维也纳，有一颗炮弹正好落在离海顿家不远的地方。那年的5月末，海顿走向了生命的尽头。在去世前的几天，他拉着家人的手，坐在家中弹奏着自己12年前为祖国奥地利创作的国歌《神佑吾王弗兰兹》。

用丰子恺的话来祭奠海顿的逝世：

"千八百零九年，维也纳被法兰西军所围困，炮弹横飞空中，落入海顿庭中，是年五月三十一日，海顿逝世，葬于奔独尔辅郊外。用罗马天主教仪式，葬式甚为庄严。"

莫扎特

（1756年1月27日—1791年12月5日）

有许多人是用青春的幸福作成功的代价的。

沃尔夫冈·阿玛多伊斯·莫扎特（Wolfgang Amadeus Mozart），奥地利作曲家，古典主义音乐的杰出大师，极为罕见的音乐天才，有"音乐神童"的美誉。35岁时便英年早逝，但他留下的重要作品，总括当时所有的音乐类型，他的成就至今不朽于时代的变迁。

发现音乐神童

莫扎特三岁时已能在钢琴上弹奏简单的和弦。四岁时能弹梅奴哀和简单的小曲。五岁就开始作曲。最初作曲的时候由他的父亲书写乐谱，后来他自己也会记录了。其乐谱到今日还保留着。五岁能作曲：这话似乎是夸张，普通的儿童，五岁时说话都还勉强，哪里谈得到作曲？但在莫扎特的确是事实。

——摘自丰子恺《近世西洋十大音乐家故事》·莫扎特

在1756年的一个夜晚里，随着一声响亮的哭声的"奏起"，萨尔斯堡粮食胡同的利奥波德·莫扎特乐师家诞生了一个音乐神童——沃尔夫冈·阿马德乌斯·莫扎特。

莫扎特出生在一个充满音乐氛围的家庭：父亲是一位杰出的音乐家，以神学家兼乐师的身份在宫廷里工作；母亲则是当地一位有名的小提琴、大提琴手；比他大五岁的姐姐南尼尔则是一个音乐小才女。据说，莫扎特出生的那一天清晨，这一家人正聚在他们方方正正的客厅里，一起弹钢琴、拉小提琴，透过摆满花草的窗台外，洛赫尔广场上飞飞停停的鸽子们也驻足聆听。蔚蓝的天空迎着鸽子的咕咕声，仿佛上演着欢迎音乐神童莫扎特的交响曲。

从小，莫扎特就显现出非凡的音乐天赋。3岁可以弹奏片段钢琴曲，"小小的身子还没有钢琴椅高，弹钢琴的时候还要在椅子上垫上一个厚厚的枕头。"如果你不是亲眼看见钢琴后面那几乎将整个身子都扑在钢琴键上的小莫扎特，你一定不会猜出这是一个3岁孩子弹奏出的钢琴曲。

莫扎特4岁开始跟着父亲利奥波德正式学习钢琴。一开始，父亲还担心幼小的莫扎特是否能承担自己计划的学习量，但后来他逐渐发现自己的担忧是多余的。对于莫扎特来说，学习音乐好像并不存在困难，无论他听到什么，都可以快速地学会，敏捷的手指可以弹奏出非常复杂的音乐。而不久之后，莫扎特的父亲发现，莫扎特不简简单单是一个有音乐天赋的孩子，而是一个"音乐神童"。

利奥波德的朋友文策尔先生，是一位优秀的小提琴家。有一次他写了几首新的曲子，想与利奥波德切磋一下。会客室里，欧式小茶几上放满了乐谱，他们一边拉小提琴一边探讨着音符的增减，全神贯注，都没有注意到门缝外那个小小的身影。透过一双蓝色的小眼睛，小莫扎特正在"偷窥"着屋里的一切。当茶几旁的奏鸣声到了高潮的时候，门突然被推开，伴随着一路"咚咚"的跑步声，"偷窥者"从外面闪现在利奥波德面前。

"爸爸！"

"小提琴！"

"我看见了！"

"我也要！"

小莫扎特本来在楼下午睡，突然听见轻轻的音乐声，便跟着"音符"的脚步来到了它的"发源地"。看到奏出这美妙音乐的"秘密武器"，他禁不住也想试一下。

父亲看到小莫扎特这么没有礼貌地突然跑了进来，让自己在朋友面前很没有面子，便生气地把他轰到了一边：

"去去去！小孩子跟着捣什么乱！"

可是小莫扎特对这新鲜的乐器充满了好奇，拉着父亲的外衣，死活不肯松手。看着这父子二人为了一架小提琴而大动干戈，朋友便劝利奥波德：

"小孩子嘛，喜欢就给他吧，弄哭了鼻子多不好！"

仗着叔叔"相救"，小莫扎特拿到了父亲的小提琴。利奥波德心想：反正你也没学过小提琴，一会儿和叔叔拉，看你出丑。到时候客人走了，我再好好教育你！

可是，自从小莫扎特抬起小提琴，他仿佛被别人附体了，到了乐曲一半的时候，他居然慢慢地会拉了。旋律就像魔术一般从他的小提琴杆下飘出。

父亲和朋友看着小莫扎特，目瞪口呆。到了曲子要结束的时候，父亲满脸都是纵横的泪水了。他自己从未教过小莫扎特小提琴，儿子稚嫩的小手尚且还不能将"小提琴"拼写出来，却居然无师自通了！

在维也纳皇宫

　　自从六岁以后，莫扎特就不断地赴各地演奏旅行了。有一次随了父亲旅行到维也纳。皇后玛利亚德丽萨非常怜爱他。他在皇后面前演奏过之后，爬上皇后的膝上，吻她的头，并指在旁边的皇女说：

　　"我喜欢娶她做新娘。"

　　　　　　　　——摘自丰子恺《近世西洋十大音乐家故事》·莫扎特

　　在那次"小提琴"事件后，小莫扎特的天赋越来越多地"释放"出来。而利奥波德心里面却五味杂陈。那个时候的欧洲，乐师的地位是非常低的，比普通的仆人高不到哪儿去。利奥波德一直苦心研究音乐，却依然地位低微，看到莫扎特超常的音乐天赋，他希望儿子能摆脱掉"仆人"的身份，得到社会的认可，到上流社会去。

　　为了实现梦想，利奥波德决定带着小莫扎特和女儿南尼尔到欧洲各地去表演，向世人展示他们的才华。这样，6岁的莫扎特和11岁的姐姐的欧洲环游之旅便开始了。从慕尼黑到维也纳到德、法、英、意，他们用了10年的时间广游欧洲，所到之处无不引起巨大的轰动。

　　跨过他们家乡旁的阿尔卑斯山，便是著名的"音乐之都"维也纳。那个年代，还没有电视、电脑等娱乐工具，皇族和贵族们若是想在晚饭后有点什么活动，便是欣赏宫廷乐师的演奏。莫扎特和姐姐的到来，让维也纳掀起了一阵"神童"热潮。这两个孩子在父亲的带领下，到处表演。没过多久，维也纳来了"音乐神童"这件事便传到了弗兰茨一世皇帝的耳朵里。他和皇后召见他们入宫，为宫里的王子公主们表演。

"传！莫扎特一家进宫！"

维也纳皇宫中，雕刻精致的大门，一扇一扇地被打开，鲜红的地毯从宫廷的奏乐室一直铺到两个孩子脚下。在侍卫的带领下，他们来到钢琴旁，在周围一圈皇家人士的围绕下，弹奏起钢琴曲。他们的演奏让在场的每一位都震惊不已。传记家格奥尔格·尼克劳斯·尼森这样描述当时的情景：

当孩子们演奏时，观众几乎不敢相信自己的眼睛和耳朵。弗兰茨一世尤其满意小精灵（他对莫扎特的戏称）的表现，他还多次和莫扎特闲聊。

沃尔夫冈一点也没被这场面吓着，当皇帝要求他用一根手指头演奏时，他毫不犹豫地照做了。他毅然决然地开始尝试，而且干净利落地弹奏了好几首曲子，让在座的每一位都大吃一惊。

在弹了几首曲子之后，利奥波德骄傲地说："我家小儿从小听觉就非比寻常，5岁就可以自己作曲，不需教授就可以弹奏陌生的乐器！"皇帝一听，起了兴致，便让莫扎特用布把钢琴键盖上，靠听觉弹奏钢琴。看不到琴键的莫扎特却像平时一样，丝毫不受任何干扰。即便是难度很大的曲子，在他手下，也被弹奏得一点不错。而在不弹琴的时候，莫扎特和普通的孩子一样活泼、顽皮。他经常从宫女手里借鸡毛掸子，把自己想象成是可以飞的巫师，骑在上面跑来跑去。

有一天，正在他进行同样的游戏时，不小心滑倒在晶亮的地板上。这时候有一个小女孩拉了他一把，把他扶了起来。这善良的举动让小莫扎特受宠若惊，他指着小女孩说："你真好，嫁给我好吗？"这个女孩子就是后来成为法国王后的玛丽·安东奈特。

叩开巴黎的门

次年，又赴德意志南方各地巡游，便道来到巴黎。巴黎有一个妇人会唱意大利的歌，命七岁的莫扎特为她伴奏。莫扎特听她唱了一遍之后，即能不看乐谱，自由造出和声而弹伴奏，从首至尾，一点不错。唱完之后，他要求那妇人再唱一遍，自己在琴上另造新的伴奏。这样反复唱了十回，莫扎特的伴奏每回变化其性质，神出不穷。听者都惊叹为奇迹。

——摘自丰子恺《近世西洋十大音乐家故事》·莫扎特

从莫扎特6岁起，父亲就一直带着他在欧洲到处演出。在维也纳、慕尼黑、普雷斯等城市取得成功后，他们又转而来到巴黎、伦敦等大城市。

法国是一个等级制度非常森严的国家。贵族阶级和天主教教士拥有一切权利，享受奢华的生活；而广大的劳苦大众则无权无势，饱受上流社会的欺压。在这样的社会环境下，若是没有上层有权人士的支持，是很难得到社会认可的。为了能够融入这个社会，利奥波德决定带着莫扎特去拜访当时巴黎首屈一指的音乐鉴赏家弗里德里希·梅尔希奥·格林。

那时候，格林先生正担任奥尔良公爵秘书的职务，可以自由出入各个侯门爵府。因此，很多人都来拜访这位人物，希望可以借此进入上流社会。时间久了，格林先生就不再愿意会客了。而利奥波德刚来到格林的府邸的时候，自然也是遭了不少白眼。格林先生很不客气地对他说："在巴黎，人才济济，优秀的钢琴家有的是。您若是有点自知之明的话，就不要再在这里浪费时间了。"说着，便要以自己要休息为由，很不客气地把利奥波德送出客厅。

这时候，在客厅里，莫扎特正在看着挂在墙上裱起来的乐谱。莫扎特个子小，只得使劲踮着脚尖，大脑袋左晃右晃，一边晃一边嘴里嘟哝着曲调。

"这个小家伙是？"多可爱的孩子，格林看着他天真无邪地看乐谱，全然陶醉在音乐世界的样子，对比那些为了权利、金钱的人，莫扎特对音乐的喜爱让格林动容了。

"我儿子沃尔夫冈·莫扎特。"

"哦！"当格林突然知道原来这次的主角是一个稚嫩的孩童时，戏剧性的转折出现了。

"请回到书房弹奏一曲吧。"格林搂着莫扎特的后背，把墙上的曲子取下来给了莫扎特。

"谢谢你，格林先生。可是我不需要乐谱，刚才都记下来了。"说着，莫扎特就从沙发上拿起一个垫子，熟练地垫在琴凳上，爬了上去。

格林想要给莫扎特的乐谱，是前不久埃卜德来他家用来炫耀的得意之作，这首曲子从头到尾难度都很大。可是在莫扎特的手下，曲子里的音符却好像自己长了脚一般，听起来既娴熟又充满感情。当弹到降B调的时候，莫扎特看到格林先生微笑地点了点头。"恩，这段是整个曲子中最好的部分，这位先生很懂音乐呢。"莫扎特心里想着。于是他想为格林先生弹奏自己作过的曲子——《G大调小步舞曲》。

格林先生望着眼前的这个孩子，简直不敢相信自己的眼睛。刚才莫扎特弹奏的《小步舞曲》，很明显难度很大，特别是第三节刚开始的部分的旋律。一般10岁以下的孩子手指还没有发育健全，是不可能弹奏出来的，作为音乐大家的格林非常清楚这点。整个曲子完毕，格林再也按捺不住心中的激动，走上去把莫扎特抱了起来，亲吻他的小脸和小手。辉煌的巴黎之旅也就此打开了。

小巴赫的拥抱

> 后来转赴伦敦，受乔治三世的热烈的欢迎。前时代音乐大家巴赫的末子克理定丁·巴赫在英国听了他的演奏，大为惊骇。
>
> ——摘自丰子恺《近世西洋十大音乐家故事》·莫扎特

在巴黎成功开办音乐会和凡尔赛宫表演之后，他们又来到了伦敦。英国是工业革命的起源地，资本主义商业贸易的发展，让伦敦成为一个富有的城市。那里的人们都热爱音乐，尤其风靡意大利歌剧。当时，王宫里聘请巴赫的儿子约翰·克理定丁·巴赫写意大利歌剧，同时教授王后音乐。整个国家的音乐氛围都很高涨，几乎每天城里都会上演不同的歌剧。

莫扎特刚到这个城市，便深深地爱上了这里。一流的意大利歌手在这里咏唱，惹得莫扎特每天都往剧院里跑。在这里，莫扎特结识了不少歌手朋友，他们教莫扎特唱歌，莫扎特为他们写咏叹调作为回报。这时的莫扎特，在去了前几个国家后，早已声名在外。国王和王后听说了他的到来，召他进宫演奏，并将作曲家小巴赫介绍给他。

8岁的莫扎特如今和当初去维也纳宫的样子相比，看起来大了不少，但依旧是个小孩子。为到宫廷表演，莫扎特穿上华丽的宫廷服饰。淡紫色的细丝制上衣，边缘还有两层穗饰，头发扎起来，戴上假发，看起来就像一个小大人。莫扎特演奏起来全神贯注，仿佛周围人都不存在了一样。到了高潮的地方，他甚至会从椅子上站起来，仿佛被什么附体了一样。他的全情投入，丝毫没有神童的架子，这让小巴赫很是喜欢。王后建议说："两位音乐家一起来演奏怎么样？"

得到王后的批准，小巴赫坐到钢琴的另一边。小莫扎特随即摆出灿烂的笑脸。小巴赫情不自禁地把莫扎特抱了起来，放在自己的膝盖上，让小莫扎特靠着自己的胸膛。两个人偎依着坐在一起，共弹一架钢琴，连续两个多小时都没有停。

莫扎特的姐姐南尼尔曾回忆说，当时莫扎特经常在自己面前赞许巴赫。

"你知道吗？巴赫人可好了。"

"今天我和巴赫一起弹钢琴来着，他弹了好多曲子给我听。"

"巴赫是我见过的最好的人！我要用他的风格写交响曲。"

小巴赫不仅教他弹奏钢琴的重要技艺，还给他讲意大利的歌剧，如何创作歌剧。年幼的莫扎特像海绵一样，吸收着新的知识。在英国，莫扎特喜欢上了意大利歌剧。不过，第二年7月，父亲决定带莫扎特离开这里，回到故乡萨尔斯堡去，他的英国之旅不得不结束了。

揭开神秘圣歌

千七百六十八年，莫扎特十二岁的时候，作最初的歌剧《装痴作傻》。这十二岁的孩子所作的歌剧发表之后，惹起了许多人的妒忌，他们对他作种种的阴谋与陷害的行为。

……

他渐渐觉得在维也纳不便自由活动了。他的父亲送他到意大利。千七百六十九年十二月，莫扎特动身回萨尔斯堡的故乡，途中又游历意大利各都市。经过罗马的时候，他在罗马法王的礼拜堂听到了格来各理所作的九部合唱曲。回家之后，凭记忆把乐谱全部记出。这样长大而复杂的乐曲，听了一遍就会全部默写，其记忆力真是可惊！

——摘自丰子恺《近世西洋十大音乐家故事》·莫扎特

每一个神童都曾遭到过质疑，特别是常年在外，经常召开音乐会，到皇宫去表演的莫扎特，他让萨尔斯堡的很多音乐家都非常妒忌。他们到处散播谣言，说莫扎特的作品是他父亲作的，为了炒作挣钱。而莫扎特12岁创作出歌剧《装痴作傻》更是让妒忌者们变本加厉，想尽办法阻碍歌剧的上映。歌手们被笼络，开始推卸角色；乐团被煽动，表示不愿被一个毛小子指挥。有人说他的作品与旋律不和谐，有人说莫扎特根本无法驾驭指挥，因为他的意大利语很差……

　　流言蜚语扰乱着莫扎特一家人的生活，父亲见莫扎特喜欢歌剧，便想索性离开这片嫉妒者的土壤，到"歌剧之都"意大利去！1769年年末，父亲带着莫扎特踏上了去往意大利的道路。当时的意大利是欧洲著名的音乐之都，整个国家都淹没在音乐的激情之中。大街上随处可见小提琴、乐器演奏大师驻足表演，而连普通的鞋匠、木匠也会哼唱几个声部的咏叹调。在这里，仿佛整个民族都在唱歌！

　　在一个猛烈的暴风雨中，父子二人来到意大利的首都罗马。在罗马的西斯廷教堂，有这样一个咒语，说这里的圣歌《求主垂怜》十分神秘，所有听了的人都会难以忘怀。但因为乐谱不对外开放，又很复杂，所以并没有人能够获得它的乐谱。

　　西斯廷教堂的天顶画雄伟壮阔，《求主垂怜》的奏起，深深地震撼了莫扎特父子。"多么纯洁、虔诚、感人的音乐！"这作品果然是名不虚传，利奥波德在心中感叹着，只可惜没有乐谱。而在父亲感叹如何才能获得乐谱的时候，莫扎特已经记下了全部音符。演出后一到家，他就坐下来，将整个乐谱分毫不差地写了出来。很快，这件事就传遍了罗马。他们对莫扎特超强的记忆能力感到震惊，而莫扎特的音乐更是让罗马人陶醉。原本，复制罗马教皇合唱团的音乐是要受到惩罚的，但莫扎特却是个个例。他们决定授予莫扎特黄金马刺勋章。慈祥的小个子老人披着一身雪白的圣衣，头戴一顶紫色丝绸制成的圆帽。他坐在那里吟咏着：

　　"主啊！看在上帝的分上，原谅这孩子吧！"

　　"哦，惩罚！"

作为教规，莫扎特是必须要受惩罚的。但是他的音乐让整个罗马沸腾。于是小个子老人走上前去，形式地揪了揪莫扎特的耳朵。

在意大利的生活，提高了莫扎特创作歌剧的能力。同时他也结识了不少有名的歌唱家。他在这里创作出了真正意义上的歌剧。但与以往的欧洲之旅不同，曾经的莫扎特年龄尚小，是以"神童"的身份展现在大家面前，但现在的他已经15岁了，"神童"的这个名号已经不再有吸引力了。这样，作为父亲，利奥波德开始为莫扎特规划新的未来了……

大教主的摧残

　　故乡萨尔斯堡的土地与莫扎特的性情完全不合。当时有这样的谚语："到萨尔斯堡的人，最初变成愚钝，第二年变成痴汉，第三年变成真的萨尔斯堡人。"由此可知其地的风气环境的不良。像莫扎特的快活的，社交的性质的人，当然不耐久居在这地方。千七百七十二年，西祺门大主教弃世，柯罗瑞多继承其位。柯罗瑞多是一个妄自尊大而性情恶劣的人。他对于莫扎特同佣人一般看待，命他同工役们一同饮食。这便使莫扎特不能一刻居留在故乡了。

　　　　　　　　——摘自丰子恺《近世西洋十大音乐家故事》·莫扎特

18世纪的欧洲，音乐家要想在社会上生存，总的来说只有两条路可走。要么，在宫廷找一份职位，当一个乐师；要么，当一个有名的音乐家，云游四海。莫扎特的父亲便选择了前者，成为一个宫廷乐师，虽然俸禄不多，但相对稳定。看着莫扎特一天天地成长，大踏步的进步，从意大利又掌握了作歌剧的诀窍，并有多部优秀作品上市，莫扎特的父亲很是欣慰。他想为儿子在意大利这个"歌剧之都"谋个一差半职，谁想却困难重重。

贵族们对利奥波德的请求支支吾吾。他们虽然承认莫扎特的音乐才华，但是却不愿为莫扎特留下一个职位。他们不想让这个外国人留在自己国家的重要职位上。并且，在那些人的内心深处，艺术家与音乐家是低下的，他们的存在只是为了丰富贵族们的业余生活。对贵族来说，莫扎特的音乐活动就仿佛马戏团里小丑的表演一样，除此之外，再无其他意义。有位名叫费迪南的大公曾想要把莫扎特留下来，却遭到其他贵族的制止，他母亲甚至写了这样一封严厉的信批评他的行为：

"这些人像流浪汉似的在世界各处游荡，我真不知道为什么你需要一个作曲家或类似那样毫无用处的人！"

看到这些人唯唯诺诺的样子，利奥波德既愤慨又无奈，只得带着莫扎特快快地回到了萨尔斯堡，再次委身于这个"庸俗"的城市，做它的"奴隶"。更为悲惨的是，在萨尔斯堡，以前的大主教刚刚去世，迎来的是一个新的，粗鲁而没有音乐品味的柯罗瑞多大主教。他是一个自私、无耻的人，看到莫扎特从小就游历四方，大受赞赏，非常的嫉妒。莫扎特像奴隶一样伺候着他。

平时，在教堂里的走廊上，大主教对莫扎特甚至连头都不会点一下。而莫扎特在这位刚愎自用的老爷手下，每天重复着同样的工作。每天早晨连着几个小时坐在大主教的穿堂里，和其他仆人一起等待着今天的吩咐，默默忍受着对自己作品恶毒的批评，然后再把原本优秀的作品改成符合大主教品味的庸俗之作。

大主教种种的遏制，都让莫扎特难以忍受。他们父子二人经常忍受大主教没有缘由的屈辱，大主教就像奴隶主对待奴隶那样对待他们。领着每年只有150基尔德的微薄的薪水，莫扎特的日子越来越难熬了。他在萨尔斯堡一年的工资，都比不上自己6岁时开一场演唱会的收入。当自己交上令人称赞的好曲子时，大主教却说他"应该到那不勒斯公立学校学习音乐"。利奥波德听到这些话时，气得当场破口大骂，冲着主教大声吼叫。而莫扎特则递上辞呈，准备离开这令人厌恶的城市，到别的地方去谋生。

母亲睡在巴黎

千七百七十七年九月二十三日晨，莫扎特伴了近六十岁的母亲，离开萨尔斯堡的旧家，出外求职，欲以供奉母亲。母子二人出发以后，独留在家里的老父写一封信给他们，信中有这样的可怜的话：

"你们出门以后，我真是悲哀的很！独自走到楼上，把身体投在椅子里。……我又走到窗口，向天祈祷你们二人的幸福。然而窗外不见你们母子的影迹了。我茫然地投身在长椅中，回想与你们别离的光景。"

——摘自丰子恺《近世西洋十大音乐家故事》·莫扎特

在莫扎特父亲的心中，莫扎特就是一个"没有自理能力的小婴儿"。并且，对于儿子不切实际、漫不经心的性格，他实在是太了解了。为了照顾好莫扎特，父亲决定让莫扎特的母亲陪同他一起出门。和57岁的母亲一起，莫扎特先后来到慕尼黑、奥格斯堡、曼海姆，这些地区虽然各有特色，但是有一点却是相同的，就是：都不愿意给莫扎特提供一个职位。最让人哭笑不得的是，莫扎特为了谋求生计，到处做家教。但是那些人只赏赐莫扎特类似"金表"这样的纪念品，却不支付他报酬。莫扎特曾调侃说：

"我应该在我的裤子上多做几个兜，当我再到一个新的人家的时候，就把所有的兜上都挂上表，这样就没有人会再想送我金表了。"

原本莫扎特是打算留在曼海姆的，因为他爱上了这里一个叫韦伯的人家的女儿阿劳西亚。这姑娘虽然声音甜美，深为莫扎特所爱，但本性自私，贪慕金钱。最终在父亲的劝导下，莫扎特和母亲又转而来到了巴黎。

在莫扎特不到8岁的时候，在巴黎这个地方，他曾举办过无数个音乐会。他曾和国王和王后一起用餐。王后认真地听他说每一句德语，然后再翻译成法语。现在，时隔14年后，当22岁的莫扎特再次来到法国的时候，情况发生了巨大的变化，巴黎的人们不再像曾经那样热烈欢迎莫扎特了。巴黎是一个浮华的城市。这里的人们喜欢娱乐，崇尚新奇，热衷于轰动一时的事情。14年前，莫扎特是这群人理想的消遣物：一个6岁的小男孩穿着宫廷的服装，在镀金的羽管键琴上弹奏优美的小步舞曲。可现在，他已经长大了，不再是小时候那个扎着辫子、配着剑的小大人了。现在的他，身材矮小，有一颗大大的头和一双大大的手。并且，现在他所弹奏的东西更富有深意，需要人们认真地聆听。可是浮躁的巴黎人怎么听得懂这高深的曲子呢？他写信给父亲说：

"法国人不像14年前那么有礼貌了。他们的态度近于粗鲁放肆，傲慢得令人厌恶……作为听众的这些人对乐曲并不理解，或者说是一窍不通，不能和我的演奏感同身受……要是这里的人都带着耳朵，用心去感受，哪怕只懂得一点点音乐，或者有一点点兴趣，那我也会从心底笑出声来。但在这些人面前，我的音乐只能对牛弹琴了。"

在巴黎，莫扎特走到哪里都会遭到拒绝。而那位曾经欣赏他的格林先生，为他推荐的波旁王朝的公爵夫人，则让他在冰冷的没有壁炉的房间里干等了半个钟头，直到莫扎特的手指都开始麻木了，公爵夫人才出来见他。冷漠又复杂的巴黎生活，让莫扎特和母亲过得很绝望。他们住在暖气不足的廉价出租房里，经常吃剩饭，甚至连干净的水也没有。莫扎特的母亲形容他们的生活简直就和流放的逃犯一样。

长期以来，旅途的劳顿、居住环境的恶劣，都让莫扎特的母亲郁郁寡欢。现在，到了巴黎这个城市，她不仅不认识半个人，而且还身无分文。加上年纪的增长，她的身体变得越来越差。疾病像瓢泼大雨一般，接连不断地向她袭来。1778年7月3日晚上10点，母亲终于忍受不住疾病的痛楚，离开了这个世界。莫扎特跪在母亲床前，痛不欲生。他一直自己欺骗自己说，母亲只是病累了，躺下休息一下。他甚至不敢写信告诉远在萨尔斯堡的父亲，母亲已逝的这个事实，只能写信告诉父亲说，母亲病重，让父亲做好心理准备。

在巴黎的这几个月中，莫扎特常常让母亲一个人孤零零地待着，母亲的突然离去，让他充满了负罪感。一直以来，每逢莫扎特遇到困难的时候，母亲总是向他展开怀抱，像一盏灯一样照耀着他。现在，母亲去世了，身无分文的他仿佛掉进了黑暗的漩涡，巴黎的失败之旅就此告终。

谁是我的爱人

莫扎特结婚之后，夫妇二人都不知道简约，不能做系统的家庭生活，故贫乏一向不离开他们。然夫妇间的感情甚为投合，无论何时都能互相慰藉。有一天寒冬的朝晨，一个朋友去访问他们。看见莫扎特夫妇二人正在拉着手舞蹈。听说是为了没有钱买碳，故相拉舞蹈，以御寒冷。莫扎特的轶事真好像童话。

——摘自丰子恺《近世西洋十大音乐家故事》·莫扎特

莫扎特在母亲去世后，回到家乡萨尔斯堡。虽然莫扎特的巴黎之旅，是一次失败的旅行。但是，这次旅行中他还是学到了很多知识。比如，他从格林那里学到许多歌剧美学的知识，还从演出中获得经验。他还改良了歌剧，使歌剧更加平民化。他的作曲水平也逐渐从幼稚走向成熟。

在莫扎特历经苦难后，好运终于降临在他身上。慕尼黑的宫廷乐长委托他写歌剧《伊多梅尼欧》，维也纳的皇帝也邀请他特创《后宫出逃》。这些荣誉的到来，却也看在了大主教的眼里。在大主教心中，一直将莫扎特当成自己的小仆役。但现在，莫扎特却和维也纳的达官贵人们坐在一起，他们纷纷邀请莫扎特去演出，连皇帝也敬他三分。种种的一切，都让大主教红了眼睛，他妒忌并厌恶莫扎特。他当着所有人的面羞辱莫扎特，说他是侏儒，让他离开萨尔斯堡。莫扎特一气之下离开了萨尔斯堡，来到了维也纳。

维也纳皇宫的大门再次向莫扎特打开。这次，他要为祖国作一首本民族语言的歌剧，德语版的《后宫出逃》。碰巧的是，莫扎特在维也纳遇到了韦伯一家。韦伯一家人热情地招待莫扎特，让他留在自己家里完成《后宫出逃》。在创作期间，莫扎特爱上他们家的另一个女儿康斯坦莎。因为韦伯家生活贫困，莫扎特的父亲一直反对他们结婚。莫扎特为了让父亲同意他们的婚姻，写信给他说：

"我们出身低微，境况不好，而且贫穷，我们不能娶富有的妻子。因为财富与我无缘，我的财富在头脑里……谁是我的爱人呢？我心爱的康斯坦莎，她不丑，可也说不上漂亮，她美就美在那双活泼的黑眼睛和苗条的身材上。她不算聪明，但她足以担当贤妻良母的责任……此外，她还熟悉家务，心地善良。我爱她，她也爱我至深。您说我还能找到比她更好的妻子吗……"

然而，父亲就是死活不同意他们结婚。无奈，莫扎特只得先斩后奏，先结婚再向父亲汇报。父亲在收到他们结婚的信件后，只好认了这门亲。

莫扎特和妻子的感情一直非常好。康斯坦莎精通各种乐器，也有很高的音乐天赋。她帮助莫扎特抄写乐谱，每逢莫扎特有新的曲子完成时，两个人就在屋里试奏，康斯坦莎便成为莫扎特的第一位听众。康斯坦莎的姐姐曾经回忆说：

"有一次康斯坦莎病了很久，我在她床边陪着她，莫扎特在旁边作曲。当时，生病的妹妹在病痛中煎熬了很久后，刚刚进入甜蜜的梦乡。这时，突然来了一个吵闹的信差。莫扎特怕吵到妻子，立刻推开椅子起身，这时他手里的裁纸刀滑落下去，深深地刺入他的脚中。虽然他平时非常怕疼，但是这次他使劲抿着嘴，一点儿声都没出。后来，医生帮他缝了伤口。虽然疼痛让他走路一瘸一拐的，但他一直守口如瓶，从没有对妻子说过这次事故。"

虽然莫扎特在结婚后，一直过得很贫困，但是他和妻子在精神上一直很和谐。幸福的婚姻让他创作出大量优秀的作品。莫扎特的创作生涯开始走向辉煌。

《费加罗的婚礼》

　　从千七百八十二年到莫扎特夭死的千七百九十一年，其间十年的结婚生活，在莫扎特是最有意义的时代。生活虽然贫乏，但其重要的作品都是在这短时期中产出的。歌剧方面《费加罗的婚礼》于千七百八十六年在维也纳初演，《唐·璜》于千七百八十七年发表，《魔笛》于弃世的一年在维也纳初演。乐器方面，奉献于海顿的六曲伟大的弦乐四重奏于千七百八十二年，八十三年，八十四年完成。

——摘自丰子恺《近世西洋十大音乐家故事》·莫扎特

　　莫扎特从幼时起，就被父亲带着，到各个国家的宫廷去演奏。无论是富丽堂皇的皇宫，还是贵族们的茶花会下午茶，莫扎特都早已习以为常了。只要有音乐会，就会有热烈的掌声。但这个从小就在热烈的掌声下长大的孩子，却没有因此变得浮躁、攀权附贵。实际上，莫扎特从小就对权贵有着强烈的叛逆心理。

　　当时，在莫扎特即将三十的而立之年，《费加罗的婚礼》这部话剧在法国巴黎大获成功，成为整个欧洲议论的话题。这是一部政治意味非常强的话剧，里面很多台词都映射着贫苦大众对于贵族的不满，比如说剧中主角费加罗有这样一段经典的台词："伯爵大人，因为您是位贵族，所以就认为自己是个天才！……权贵、财富、阶级、影响力，这种种使一个人引以为傲！这么多的好处，您到底是怎么挣来的呢？您除了费了点劲找对人家出生，什么也没做，撇开这点不说，您不过是个平庸之人。然而，迷失在凡人群中的我，为了糊口所耗费的精力和脑力，恐怕要比过去数百年来治理整个西班牙的心力都多得多！"

这样的反对权贵，尊崇平等的戏剧一下子就吸引住了莫扎特。他想为《费加罗的婚礼》谱曲，将它改编成歌剧。而上帝在此时眷顾了他，在一个娱乐晚会上，他认识了罗伦佐·达·旁特，据说，这个光芒四射、活力充沛的意大利诗人，是当时维也纳最好的歌词作者。两个人一见如故。对于歌剧《费加罗的婚礼》的创作，两个人一拍即合。

不出六周，《费加罗的婚礼》就完成了。但是，他们还面临着一个巨大的挑战。《费加罗的婚礼》，这部剧中含有非常强烈的政治意味，要经过皇帝的批准才可以演出。莫扎特来到皇宫中，皇帝接见了他。身边的大臣们都站在角落里窃窃私语：

"这里面的内容太庸俗了。"

"它有损贵族荣誉。"

"会造成不良的社会影响。"

……

《费加罗的婚礼》讲述的是，阿尔马维瓦伯爵的侍仆费加罗将和伯爵夫人的侍女苏珊娜结婚，但伯爵不怀好意，想把苏珊娜占为己有。而费加罗和苏珊娜为了守护自己的幸福，机智斗败伯爵。这里面若是排演不当，的确会出现很多问题。看着那些平日妒忌自己才华，想借着此次机会好好打击自己的宫廷人士们，莫扎特打算为皇帝演奏一段。

"我的殿下，你看，"莫扎特突然把两手拉开，跪在地上，一段一段地挪动着身子，"猜猜我在做什么？"

"做什么？"莫扎特突如其来的动作一下子就让会客室的人们安静了下来。

"殿下，您看，这是费加罗在测量结婚用的床。想象一下，这样的情景，哦，音乐！"

莫扎特随即回到钢琴前，弹奏了几首咏叹调。这精彩的曲调配着幽默的剧情，皇帝的胃口一下子就被调了起来。歌剧就这样顺利地通过了。

1786年5月1日，《费加罗的婚礼》在市立剧院举行首场演出。观众欢呼着，几乎每一首曲子都重新演唱了一遍，使得这场歌剧的演出时间延长了三倍。一时间，全城的人们在茶余饭后所聊的话题、所哼的曲子，都是《费加罗的婚礼》中的段落。

索命的黑衣人

完成了大作《魔笛》之后，他倾注全部的精力在《安魂曲》的作曲上，千七百九十一年，晚秋叶落的时节，有一天他突然向他的妻说道："我想为我自己作一首安魂曲。"

——摘自丰子恺《近世西洋十大音乐家故事》·莫扎特

虽然莫扎特在结婚后，创作了大量的乐曲，事业一帆风顺，但是贫困一直与他相伴。莫扎特从小在父亲的规划下长大，自理能力很差，也不会管理金钱。而他妻子康斯坦莎会做的针线活，还没有她认识的乐谱多。她和莫扎特是一对什么也不懂的大孩子。莫扎特的主要收入，是靠维也纳贵族子女学钢琴的学费。但是，《费加罗的婚礼》使他得罪了很多贵族，他的学生一下少了很多，收入也一下子变得微薄起来。

据说，当别的地方上演着他的《费加罗的婚礼》，贫困的莫扎特恰好路过，想进去听。不料却被看门的认为是裁缝师的学徒，要打发他走。

"怎么啦！你们应该会让莫扎特本人听听吧？"

为了挣钱，莫扎特每天都拼命地作着曲，他的身体变得越来越虚弱。而他在为《魔笛》谱曲的时候，发生了一件怪异的事情：

在一个漆黑的夜晚里，当莫扎特正沉浸在自己伟大的幻想曲中时，门外突然传来了一阵敲门声。一个披着黑斗篷的瘦高男子跨进了屋，不动声色地交给他一个信封，然后就悄声离开了。

莫扎特打开信，上面写着一位不愿透露自己姓名的人，想请莫扎特为自己已逝的爱人作一首《安魂曲》，以慰藉妻子死去的灵魂。只要莫扎特愿意，酬劳想要多少都可以。但有一个条件，就是莫扎特不得去调查是谁委托他创作这首乐曲的。

这突如其来的陌生人和"交易"，让莫扎特一时间不知所措。身体里的一种本能驱使着他，跑到窗前，从一扇能看见马路的窗户望了过去。可是那穿斗篷的身影已经消失不见了。一个大活人居然就这样消失不见了。莫扎特的心被提得很高。他感到一种莫名其妙的恐惧，心里总觉着这是在预示着什么。

没过多久，那个陌生人又出现了。这次，他又给了莫扎特一封信，上面写着先付给他50个金币，若是条件满意，总谱完成后，将会给他另一半金币。看着那黑斗篷迅速地转身，莫扎特的心又悬了起来。他派仆人去追踪黑衣男子，却跟丢了。

这个时候，外出调养的康斯坦莎回到家里，她被莫扎特的模样吓了一跳：苍白的小脸瘦得不成样子，硕大的脑袋上每根筋都很突出，深陷的眼眶被红肿的眼皮包裹着。最令康斯坦莎发指的，是莫扎特总是不断地提到死，游离的眼神朦胧地看着妻子说："死神来接我了。"

康斯坦莎一直安慰他，不要胡思乱想，但是只要莫扎特的身体稍有好转，就又开始创作他的《安魂曲》了。床上到处堆放着《安魂曲》的乐谱。看着他日益虚弱的样子，朋友们每天都来看望他。那年12月的一天，朋友们像以前一样围坐在他的床边，他唱着谱子中的小调旋律，当唱到高潮的时候，他那平静的表情突然变成了痛苦的神色。接着，他苦笑了一声，轻声说："死亡的味道已经在我的舌尖上了，我品尝到它了。"那天凌晨的时候，当他试着发出《安魂曲》中的鼓声的时候，生命的休止符终结了，他的最后一口气，也献给了音乐。

黑衣人到底是谁呢？原来，在莫扎特那个年代，流行着一种坏风气，贵族和有钱人为了彰显自己的才华，经常花钱买一流作曲家创作的作品，然后盗窃其作品，据为己有。只是可怜的莫扎特一直把他当成是死神派来的使者，到死都觉得是死神在召唤自己。

贝多芬

（1770年12月16日—1827年3月26日）

划分天才和勤勉之别的界限迄今尚未能确定——以后也没法确定。

　　路德维希·凡·贝多芬（Ludwig van Beethoven），德国作曲家、钢琴家、指挥家，维也纳古典乐派代表人物之一。他一共创作了9首编号交响曲、35首钢琴奏鸣曲、10部小提琴奏鸣曲、16首弦乐四重奏，还有大量室内乐、艺术歌曲、舞曲等。这些作品对音乐发展有着深远影响，因此贝多芬被尊称为乐圣。

一家人的音乐剧

　　贝多芬有"波恩的英雄"的称号。因为他生于莱茵河流域中最古的都市波恩地方。而其人格与艺术非常伟大，为音乐上的"精神英雄"。

——摘自丰子恺《近世西洋十大音乐家故事》·贝多芬

　　在德国的西部，莱茵河畔旁，坐落着一个美丽的城市——波恩。18世纪的波恩，是当时著名的文化中心，剧院、图书馆和大学一应俱全。当时的德国非常重视文化教育，为了发展经济和民族文化，他们向全世界人民打开自己的大门。贝多芬的祖父便是那时来到这里的。

　　贝多芬的祖父是家族里最优秀的人物，是一个非常有音乐天赋的人，并且为人很豪爽，只要大家愿意，总是不吝惜自己的歌喉，大声高歌一曲。怀揣着成为一个歌唱家的梦想，20岁时，他离开了家乡比利时，来到向往已久的文化之都——波恩。

　　"我要成为歌唱家，让我的子孙后代都感到骄傲！"贝多芬的祖父在心里默念着。为了他的理想，他每天辛苦地练习着。冬天天气冷容易犯困，他就光着脚站在地板上唱歌，不仅提神还可以用脚拍打地板打节奏。经过几年的勤学苦练，他的歌唱水平越来越高，越来越多的人认可他的歌声。很快，他便进入大主教克雷门斯公爵合唱团，不久便升到了乐长的职位。

　　贝多芬的祖父只有一个儿子，就是贝多芬的父亲——约翰。约翰长大后，也非常有音乐才华，他的声音洪亮而震撼，很快便当上了乐团里的高音歌手。在合唱团乐长祖父和高音歌手父亲的熏陶下，贝多芬从小便显现出与常人不同的音乐天赋。老贝多芬经常抱着自己的小孙子，唱歌给他听。而小贝多芬也非常沉醉于此，只要老贝多芬一唱歌，他就跟着哼哼。虽然还是个没牙的小孩，但是很多时候，老贝多芬只需将歌谣唱一遍，他就能学会。他们全家总是快乐地坐在客厅的壁炉旁一起唱歌、弹钢琴。有时候，约翰还将自己一个乐团的同事也带到家里来唱歌。每逢这种家庭音乐会召开的时候，贝多芬家族总要上演这么一个祖孙三代人的音乐剧：祖父起唱，小贝多芬重复爷爷的歌词唱二重奏，爸爸约翰负责高音，妈妈在旁边伴奏……这一家人的高音、低音、中音重重叠叠在一起，总是让宾客们情不自禁地鼓掌叫好。

"你家小孙子唱得真好，和您当年一样呢！以后一定有大出息！"

祖父听了大笑道："我的孙子当然像我了，你看，他多么有天赋！"

"是呢，这孩子长大了可了不得。"

小贝多芬用他大大的眼睛望着那些大人，虽然因为年纪小，听不懂他们在说什么，但是那个时候小贝多芬就爱上那些波澜起伏的音符，爱上了音乐。

父亲的魔鬼训练

贝多芬的父亲是一个酒徒。他看出了幼年贝多芬的音乐天才，就严格地督察他练习，然其目的是想养成一个神童，效仿莫扎特的前例，赴各地开演奏会，换得金钱，以补助他的生活，满足他的酒欲。这是很不慈爱的父亲。他的严格督课，出于物质的欲望及自私心。幼年的贝多芬刻苦练琴，不得游戏。且常常受父亲的鞭笞。晚间的来客，常常看见四五岁的贝多芬落泪在钢琴的键盘上。

——摘自丰子恺《近世西洋十大音乐家故事》·贝多芬

在贝多芬3岁的时候，祖父不幸离开人世。他的父亲约翰是一个嗜酒如命、碌碌无为的人。以前，祖父在的时候，他还会到宫廷里去唱歌，挣些微薄的收入。后来，因为天天喝酒，原本好好的嗓子变得沙哑不已，被唱歌班辞退了。没有了工作的约翰却不知道悔改，依旧天天喝酒。很快，家里的钱就不够买酒了。一日，约翰看到小贝多芬在唱歌，便突然想起了自己这个"音乐神童"的儿子。"我若是把他培养成音乐家，像莫扎特的爸爸带着莫扎特和莫扎特的姐姐那样，到世界各地演出，一定能挣好多钱。有了钱，就可以买酒了！"

抱着这样的想法，约翰便开始了他"拔苗助长"的"音乐神童"周游世界演出的魔鬼式钢琴训练计划。每天把小贝多芬关在屋里苦练小提琴和钢琴。只要小贝多芬有弹得不好的地方，父亲便狠狠地抽他的耳朵，贝多芬后来会耳聋，这便是其中一个重要的原因。罗曼·罗兰曾在《名人传》中这样描写贝多芬的童年生活：

"艰苦的童年，不像莫扎特般享受过家庭的温情。一开始，人生于他就显得是一场悲惨而残暴的斗争。父亲想开拓他的音乐天分，把他当作神童一般炫耀。四岁时，他就被整天地钉在洋琴前面，或和一架提琴一起关在家里，几乎被繁重的工作压死。"

据说，贝多芬的父亲要求贝多芬每天练琴的时间不得少于8个小时。只要贝多芬有弹错的地方，约翰便一巴掌打过去，抽在小小贝多芬的脸上、头上和那细嫩的脖子上。浑身上下，除了衣服能够遮盖的地方，到处可以看见伤痕。长时间不间歇地弹奏钢琴，让贝多芬的小手酸痛不已，很多时候胀得如香肠一般红肿。贝多芬的妈妈看了心痛不已，跪在地上拉着约翰的腿祈求着："他还小，这样太严厉了。"

约翰听着妻子的祈求说："你去端盆凉水过来吧。"

不过，约翰的这盆凉水并不是用来给小贝多芬擦脸的，而是给小贝多芬的手指头降温的。就这样，小贝多芬就一次一次地将手从水盆中拔出来，再一次次地练习数小时钢琴。从此以后，每天小贝多芬都会将一盆水放在自己身边，直到用干净才去休息。

约翰是个大酒鬼，经常深夜才回家。这个嗜酒的父亲经常在夜里发酒疯，把在床上熟睡的贝多芬拎起来练琴。还在睡眠状态中的贝多芬经常弹错音节，约翰便对小小的他大打出手。在屋外夜色绵绵的时刻，走在街上，总

可以听到他们家传出的一遍一遍的钢琴声。

聂费老师

贝多芬幼时的音乐课业上有充分的指导者。当时的宫廷风琴师聂费，是贝多芬的最初最有力的先生。贝多芬很感激这位先生，他在写给这先生的信中曾有这样的话：

"将来我尚能成为大家，全是先生的所赐。"

——摘自丰子恺《近世西洋十大音乐家故事》·贝多芬

虽然贝多芬的父亲在教育孩子方面非常粗暴，但是他还是非常关心贝多芬的音乐学习的。他曾先后给贝多芬请了三个老师：贝多芬祖父的好朋友宫廷风琴师伊登老先生、歌唱家菲费尔、音乐指挥家聂费。这三位老师每一位都对贝多芬起了很大的作用。不过，要数教授时间最长、影响最大的，还是聂费老师。

聂费是当时波恩著名的塞莱尔剧团的音乐指挥，只要是他指挥的音乐剧，便场场爆满，这在当时的波恩，是很罕见的。当时，贝多芬的第二任老师已经离去一年，父亲约翰一直为找不到老师而发愁，聂费的出现让约翰眼前一亮。经过商议，聂费同意做贝多芬的老师。

在一个天气晴朗的下午，聂费来到贝多芬的家。听说约翰以前为贝多芬请过两个老师，聂费便问小贝多芬学到哪个阶段。

"阶段？我现在弹得可熟练了。"小贝多芬迷惑地回答他说。

"不不，孩子，一个优秀的钢琴家弹出来的曲子，不单单是熟练，更重要的是透过音乐表达出你的内心世界。"

那天下午的第一次上课，让聂费意识到，小贝多芬虽然非常有音乐天赋，但是之前所受的音乐教育却很混乱，他需要一个系统的、科学的训练，这样，他才能充分地将他的音乐才能发挥出来。于是，他和约翰商量，为小贝多芬制订一个新的音乐学习方案——从最基础的知识开始重新学习。

当时，在贝多芬所生活的时代里，最为权威的有关音乐的教材就是"巴赫家族"所写的著作。聂费选择巴赫次子的《关于弹钢琴的真正方法尝试》这本书作为贝多芬学习的基础教材。一开始，聂费以为贝多芬会遇到困难，因为巴赫的曲子很难弹。但是让他意想不到的是，贝多芬一接触巴赫的曲子就马上进入状态，他对巴赫的乐曲充满热情。聂费发现，贝多芬的弹奏中蕴含着一个情感非常炽热的灵魂，他想通过音乐表达自己的喜怒哀乐，而巴赫的作品恰恰把他的感情给激活了。

小时候的贝多芬一直有一个梦想，就是自己可以创作乐曲。原先，前两位老师教他的时候，他就经常自己偷偷在阁楼上编谱子。每次他写好了，就满怀期待地交给老师看。不过，前两位老师，一位是"老古董"，不喜欢新的作品，觉得贝多芬是在好高骛远；另一位虽然非常支持贝多芬作曲，但却是个酒鬼，终日和贝多芬的父亲黏在一起喝酒。聂费的到来，让小贝多芬看到了希望。一日，他又将自己创作的曲子交给聂费。这首曲子反映了贝多芬的内心世界，狂暴激烈中夹杂着混乱。聂费看到贝多芬作的曲子，既为他小小年纪突破传统作曲法则感到震惊，又为他不懂作曲法则感到可惜。聂费想，贝多芬要从头开始学习作曲了。

音乐界的作曲，就像作家写作文一样，表面上看起来没有任何限制，但是也是有着它的规则的。聂费选取了巴赫的《平均律钢琴曲集》作为贝多芬学习作曲的基本教材，让贝多芬照着练习。巴赫的这本曲谱，可以让弹奏者在任何调上弹奏。通过几个月的练习，贝多芬对音乐的感悟更深刻了。

对于贝多芬来说，爷爷是他音乐的启蒙师，父亲虽然方法不当，但是大量的练习还是很大程度上提高了贝多芬的音乐水平。不过，聂费老师对他的教育，为他奠定了坚实的音乐基础，贝多芬日后能够创作出世界名曲，聂费老师的功劳是不言而喻的。

为了家庭打工

> 贝多芬十七岁丧母。后来他对波恩的一个寡妇布鲁宁非常交
> 好，视如继母一样。
>
> ——摘自丰子恺《近世西洋十大音乐家故事》·贝多芬

聂费真是一位好老师，他不仅教授贝多芬知识，还将贝多芬带入社会，给他锻炼的机会。当贝多芬的第一任老师伊登先生逝世后，聂费代替他成为新任宫廷风琴乐师。聂费因为平时忙于剧院的工作，便让贝多芬代他去教堂弹琴。那时的贝多芬只有12岁，当他坐在教堂里出色弹奏风琴的时候，波恩城的人们无不震撼。不过，这个时候的贝多芬却没有心情享受他的学习成功，父亲长年累月的酗酒挥霍早就让家里变得一贫如洗。而贝多芬的母亲身体一直不好，并患有肺病。除此以外，贝多芬还有两个年龄尚小的弟弟。为了养家，年幼的贝多芬不得不去工作。

14岁的时候，贝多芬在宫廷申请当风琴师。他穿着湖绿色燕尾服和带扣环的绿色贴身短裤，因为身体尚未发育完全，衣服松松的，有点撑不起来。贝多芬一直工作得很认真，但是每天都要供人驱使到深夜，这对一个正在发育的孩子来说，实在是太残忍了。在宫廷里工作，不仅工资少，规矩也很多，对于他们的着装的要求很高。比如，头发要烫成卷发，后面还要梳一条小辫子。这对不拘小节的贝多芬来说，是件既烦琐又没有意义的事。不过，贝多芬始终认为，在宫廷工作对自己学习音乐非常有启发。

那时，贝多芬每个月最喜悦的一天，就是发工资的那一天。每次发了工资，他就去点心店给母亲买点心吃。虽然母亲的病有了很大的好转，贝多芬还是喜欢像以前那样，把点心掰成一块儿一块儿的，一口一口地喂给母亲吃。可是，自从知道贝多芬开始工作，家里的经济条件有了好转，约翰喝酒喝得就更厉害了。常常一走到酒店，就狂饮到天亮，直到被贝多芬和他两个小弟弟给背回家为止。

生活的苦难并没有让贝多芬放弃努力生活的信念。父亲用他挣的钱买酒，没钱养家，他就接着挣。经过一个朋友的介绍，贝多芬又找到了新的工作——到布鲁宁夫人家里做钢琴家教。布鲁宁家一共有四个孩子，三个男孩，一个女孩。这四个孩子从小生活在既温馨又开放的布鲁宁家，所以每一个性格都非常开朗。而贝多芬因为常年生活在父亲的训斥和生活的压力下，性格非常内向，又很不擅长交际。每次上课的时候，这四个孩子就围在琴前，和贝多芬开各种玩笑，弄得贝多芬不知所措。有一次，最调皮的小儿子跑到贝多芬的耳边不知道说了什么，伤到了贝多芬的自尊心，贝多芬气得想要离开。布鲁宁夫人听说了这件事，赶忙制止住了贝多芬，她温柔地向他道歉，并教育孩子们不要再欺负贝多芬。虽然倔强的贝多芬执意要离开，但是布鲁宁夫人一直没有放弃，像母亲一样关心他、疼爱他，小贝多芬从布鲁宁夫人身上感受到了家庭的温暖。

莫扎特的预言

贝多芬十七岁，即千七百八十七年春，旅行到维也纳，在那里与前辈大家莫扎特相见。贝多芬少年时，有莫扎特的神童性，而没有像莫扎特幼时的美少男的风姿。莫扎特初见这少年的演奏的时候，并不十分感动。后来他选一主题，命贝多芬试据这主题弹一即兴曲。贝多芬立即把这主题展开，在琴上弹出一个流利的乐曲。莫扎特听了方始大为感叹。指着少年的贝多芬叫道：

"大家注意，将来骚扰世界的必是这少年。"

——摘自丰子恺《近世西洋十大音乐家故事》·贝多芬

贝多芬在布鲁宁夫人家做家教，是一件非常受益匪浅的事情。在这里，他不仅挣了很多钱，还认识了很多热爱音乐的人。瓦尔德斯坦伯爵，便是其中一位鉴赏水平很高的音乐爱好者。他非常欣赏贝多芬的才华，经常在经济上帮助他。那时候，布鲁宁夫人经常在家里召开各种音乐会或舞会，人们听说这里有贝多芬，便纷纷来到这里聚会。人们聚在一起，快乐地探讨着与音乐有关的事情，而贝多芬就坐在钢琴前为大家弹奏乐曲。听到他动人的音乐，有人感叹说："啊！多么美妙的音乐，可以和莫扎特齐平！"

在贝多芬的祖父还在的时候，莫扎特就是他们全家经常议论的一个话题。莫扎特5岁就登台演出，开音乐会，被誉为"音乐神童"。在那时，莫扎特的影子就已经深深地刻在贝多芬幼小的心灵中了。如今，随着年龄的增长，加上别人对莫扎特愈来愈多的描述，贝多芬想见莫扎特的愿望越来越强烈了。有一天恰好布鲁宁夫人和瓦尔德斯坦伯爵都在，他便将心中的这个憧憬讲了出来。

"维也纳的莫扎特！哦，真想亲耳听听他的琴声！"

"别着急，孩子，我们会帮助你的。"

看着贝多芬一天天长大，布鲁宁夫人和瓦尔德斯坦伯爵一致认为，17岁的他该走出家门，到外面的世界去看一看了。他们帮贝多芬准备好拜见莫扎特的信件和行李，将他送上了去往维也纳的马车。

怀着崇敬的心情，贝多芬来到了莫扎特的家。几声"当当"的敲门声过后，出现了一个面色苍白、身材瘦小的男人。他用蓝色的小眼睛打量着贝多芬，低沉地说了一声："请进。"

自从双手摸到键盘以来，贝多芬就一直幻想着有朝一日可以见到莫扎特，他曾在心里一次又一次地幻想莫扎特的容貌，莫扎特的声音。如今，终于见到莫扎特真人了，贝多芬迫不及待地想要向他问候，探讨音乐。他选了一首巴赫的曲子，想要为莫扎特演奏。巴赫的曲子是他最擅长的，情感表达得最好的，聂费老师常夸他弹这首曲子简直就是巴赫在世。不过，莫扎特听完后却没有任何反应。

莫扎特认为，可以将一两个曲子练熟，是很多学生都能做到的，这并没有什么。看到大师面无表情的样子，贝多芬请求他再给自己一次机会，给自己一个主题，围绕着它弹一首即兴曲。看着贝多芬这副好强的样子，莫扎特笑着答应了他的请求，在琴键上弹奏了一段曲子，这是他还未完成的作品《唐·璜》中的一段。这次，贝多芬非常用心地记住每一个音调，然后根据这个主旋律进行新的创作。乐曲在他的手下变得美妙无比，一开始狂放激烈，之后却又突然一片晴空，曲调波折起伏却又和谐统一。这个时候，原本热闹的客厅突然安静了下来，所有在场的宾客都和莫扎特一起欣赏贝多芬的即兴演奏。

莫扎特原本以为，眼前这个相貌平凡、皮肤黝黑、穿着朴素的孩子，和以前来的那些一样，只是会熟练弹奏钢琴。没有想到，今天来的这个孩子却与先前来的不同，是真正拥有高超琴艺的天才！莫扎特的心里既震撼又感叹，他突然站起来对客厅里的客人们说：

"大家可要注意了，这少年将来会震撼世界的！"

热吻海顿的手

贝多芬少年时曾从老大家海顿学习音乐。然而海顿的旧式的乐风与贝多芬的奔放的天才终不能调和，故师徒的情缘不甚深切。有一次贝多芬发表一乐曲，海顿问他为什么不署名为"海顿弟子贝多芬作"，贝多芬回答他说："因为我从没有从先生学得什么。"

从此二人丧失了感情。然而贝多芬对于艺术家海顿，仍是很敬仰的。后来海顿的杰作神曲《四季》在维也纳演奏，海顿已经年老，且有病，过于感激，昏倒在会场的时候，贝多芬从听众中挨出，上前扶持他，热烈地吻他的手。

——摘自丰子恺《近世西洋十大音乐家故事》·贝多芬

17岁的贝多芬刚来到维也纳不久，刚刚向莫扎特展示自己的音乐才华，就传来母亲去世的消息。为了见到母亲的最后一面，贝多芬匆忙地赶回家乡，也中断了向莫扎特的学习。待贝多芬处理好家中的事情，准备再次去维也纳拜访莫扎特的时候，却不幸地听说莫扎特已经去世了。

转眼间，五年过去了，贝多芬已经长成大人了。与成长相伴的，贝多芬的音乐水平也在飞速发展。这个时候，贝多芬的老师聂费觉得，自己的水平已经难以让贝多芬有什么突破了。他认为，这个悟性极高的孩子，需要更优秀的老师来教授。可是，还有谁能教他呢？

1792年7月，波恩城里来了一位音乐大师，他就是冯·约瑟夫·海顿。海顿的大驾光临，让聂费看到了希望。当晚，聂费就带着贝多芬来到海顿的住处，向海顿说明来意，并请求海顿收贝多芬做学生。对于贝多芬，海顿早有耳闻。上次贝多芬去维也纳拜访莫扎特的时候，所弹奏的即兴钢琴曲，曾一度成为当时音乐界人们议论的话题。海顿自己也曾向维也纳的一个音乐出版商询问："我想知道这个路德维希·贝多芬是个什么样的人。"今日在波恩贝多芬亲自来访，海顿很是高兴，便对贝多芬说："等到了维也纳，便向我来学习吧，我非常愿意做你的老师！"

海顿比贝多芬大38岁，小时候在教堂里做歌童，后来唱歌唱坏了嗓子，被解了雇。经过后天刻苦的自学，终于成了一个音乐大师。贝多芬一直很渴望向他请教，刚到维也纳，贝多芬就迫不及待地去拜访海顿。海顿非常热情地接待了他。对于贝多芬，这个从小并不怎么享受家庭关爱的孩子，海顿充满了怜惜之情。他不收贝多芬学费，并帮他寻找住处。只要贝多芬生活上有困难，海顿就倾全力帮助他。而贝多芬对海顿也怀着无限尊敬和感激之情。为了表示自己的谢意，有时贝多芬会请海顿吃巧克力，或喝咖啡。在当时，巧克力和咖啡都是奢侈品。对于经济基础薄弱的贝多芬来说，这是一笔非常大的开销，但这也是他能向海顿老师做的一切了。他曾在自己的记事本上这样记载着："今天，请海顿老师喝了两杯咖啡，一共六个克列泽；两盘巧克力，一盘给他，一盘给我，共二十二个克列泽。"善良的海顿虽然不忍心贝多芬花了这么多钱请自己喝咖啡，但还是善意地接受了，为了不伤害这个自尊心超强的学生。

虽然他们对彼此的感情既单纯又诚挚，但是由于两个人的年龄相差太大，又不属于同一个时代，在学习上产生了很大的分歧。毫无疑问，海顿是一位伟大的音乐家，但是他过于重视规则，并且总是挑剔贝多芬作品中的"小毛病"：

"你看！你看！在男低音和女低音之间隐藏着五度音，我的主啊！"

"外声部还有一个五度音平行，耶稣玛利亚！"

"你把变位的音用一个音程来开始，这不属于音的三和弦，我的贝多芬，这实在太可怕了，这简直是对神圣的音乐的冒犯……"

终于，贝多芬受不了了，他向海顿老师表达了自己想要离去的意愿，海顿虽然很惋惜，但是也无可奈何。

虽然贝多芬一直认为自己并没有从海顿身上学到什么，但是他一直都非常认可海顿老师，并且非常敬仰他。海顿的杰作《四季》在维也纳问世的时候，贝多芬亲自去现场听。当看到海顿因为年纪大而晕倒在现场的时候，贝多芬从观众中跑出，上前扶起他，并热烈地吻他的手。

翻开新的一页

十八九两世纪之交的数年间，贝多芬正在埋头于作曲中，对于自己的健康状态差不多全不注意。因这缘故，耳疾的进步愈加快了。到了千百八十一年，他在剧场中必须坐在第一排椅子上，方能听见歌手的唱声。他在写给一个知友的信上这样说："……我所最宝贵的耳，今已听不出大部分的音了，这是何等可悲的人生……像从前没有耳病，是何等的幸福……"

——摘自丰子恺《近世西洋十大音乐家故事》·贝多芬

在与海顿老师告别后，贝多芬开始创作自己的音乐。有了多位老师的教导，加上自幼时开始的大量练习，贝多芬已经到了可以自己作曲的成熟期。从23岁到26岁，在这三年中他创作了70多首曲子，每一部作品都深刻地反映出它的个性。他不仅为上流社会的贵族表演钢琴曲，还为普通百姓、孤儿寡母举办义演音乐会。他对音乐和表演充满了热情，有时就算生病也不放弃演奏。就这样，他的名气越来越大。此时的他，正享受着人生最美好的时光，可是这段时光很短暂，很快就陷进无尽的黑暗中。

贝多芬在他26岁那年，便经常出现腹痛、耳朵隆隆作响等症状。但是那个时候他忙于作曲，每次身体有不适便忍着，根本没有预料到那其实是耳聋的先兆。随着时间的推移，他的病情越来越严重。有时晚上睡觉睡得正香的时候，腹部便会突然传来一阵剧痛。这股疼痛搅着肠胃，耳朵开始嗡嗡作响。他去找医生给他治病，医生建议他去乡下泡热水浴，虽然腹部舒服多了，可是耳朵依然没有好转。甚至还更严重了。他写信给朋友说：

……三年以来，我的听觉逐渐衰退。这大概是我肚子不舒服的影响，那是你知道我以前已经有过，而现在更加恶劣的；因为我不断地泻，接着又是极度的衰弱……一个愚笨如驴的医生，劝我洗冷水浴，另一个比较聪明的医生劝我到多瑙河畔去洗温水浴，这倒大为见效，肚子好多了。但我的耳朵始终如此，甚至更恶化……

在1796—1802这几年里，贝多芬不停地接受不同的医生的治疗。这些医生的治疗方法各不相同，从吃补药到用薄荷油，再从洗冷水浴到泡温泉，给耳朵敷茶药，可以用的方法几乎都用过了，但是结果却是一样的：没有任何起色。其中有位医生建议他说："去乡下放松一下心情吧。"在长年治病都没有效果的情况下，这个建议对贝多芬来说，是一个放松身心的好主意。维也纳的里根是一个风景迷人的小村，绵延不断的森林、山丘和草原围绕着蓝宝石般的湖泊。贝多芬非常满意这个环境，每天太阳升起，便起床到森林中散步。闻着漫山遍野的大自然的味道，他的心情无比畅快。

在里根，贝多芬的朋友们经常来看望他，学生里斯也经常来他这里上课。每次里斯来了，贝多芬都兴高采烈地带着他去森林里散步，他想让里斯和自己一起感受大自然的美好。有一天，里斯又来找贝多芬。和以往不同，两个人决定到以前没有去过的湖边散步。这湖坐落在森林正中央的部位，北面是一望无际的草原，南边是森林，外面围着层层山峦。当他们到达湖边的时候，里斯突然听到来自北方优美的歌唱声，他朝前方望去，发现原来是一个牧童在唱歌。他的声音很清脆，在周围山座的回音中，更加有节奏感。里斯听得愣在了那里。贝多芬看到他不动了，好奇地朝着他的目光看过去，也看到了那唱歌的少年。这少年坐在羊群中，又拿起身边的笛子，吹了起来。身边的羊群听见他的笛声，"咩咩"地扭着身子，在他身上蹭来蹭去。这笛声与羊声好像一部二重奏舞曲，让里斯入了神。半个时辰的光景过去了，身边突然响起了抽噎声，把里斯从沉醉中拔了出来。原来，贝多芬哭了。

贝多芬站在那里，一直凝神盯着牧童看，看着他手指灵活地在笛子上跳跃，看着他每一个快乐的表情，也看着他幸福地享受着这美好的听觉。只是，他贝多芬，什么都听不到。他的眼睛里含着泪花，看起来非常阴郁，脸上都是愁容。里斯跟在他身后，一直拼命解释那牧童离得很远，自己什么都没有听到，但是贝多芬还是什么都没有说，只留下他那渺小的孤独的背影。

他真的聋了，什么都听不到了。一转眼，刮起瑟瑟秋风的季节到了，看着那枯黄的叶子一片一片地落下，贝多芬的心好像也跟着枯萎了。他实在受不了了，在一个漆黑的夜晚里，给自己写了封遗书：

……你们一定不知道那种感觉吧……当别人站在我的身旁，听到了远方笛声，而我却一无所闻，别人听到了牧人的歌唱，而我还是一无所闻，这对我是何等的屈辱啊！……就这样，我在熬过这痛苦的生活，真痛苦啊！……做到这点，对于一个艺术家来说比任何人都困难……啊，人们，要是你们有一天读到这些话，你们就会感到，你们对我是何等的不公平……死亡，你来吧，什么时间到来都可以！我将勇敢地迎接你……

原本，贝多芬是想在写完这封遗书后，结束自己的生命的。但是，将自己心中的苦闷都宣泄出来后，贝多芬的精神好像轻松了不少。他说："以

前，很长一段时间我都活在耳聋的苦痛中，我对自己过去的作品很不满意。现在，我要创作新的作品，翻开新的一页。"他对艺术的热爱和追求，让他跨过了死亡，战胜了耳聋给他带来的困苦。几天之后，贝多芬又开始给出版商写信，开始策划自己新的作品了。

枪声里的梦想

这时候他依然贫困，孤独，又生病。加之他侄儿行为堕落，时时来讨他的气。贝多芬又多了一种累。

——摘自丰子恺《近世西洋十大音乐家故事》·贝多芬

贝多芬终生未婚，心中一直很向往能有一个女神般的伴侣。他为朱丽叶塔写下了《月光奏鸣曲》，又和特蕾莎一起谱着交响曲……虽然贝多芬终生未娶，但却没少为家里操心。当他还是个十几岁的少年时，因父亲酗酒，而不得不过早地担负起家庭的重担。他的两个弟弟年少时调皮捣蛋，长大后也没少给贝多芬添烦恼。1815年，贝多芬的弟弟死于肺病，将儿子小卡尔交给贝多芬抚养。对于侄子小卡尔，贝多芬一直视为掌上明珠。他关心小卡尔生活中的一切，无微不至。

卡尔的确是一个正直善良的好少年，而贝多芬也确实将自己全部的温情都灌注在这个孩子身上。但是不知为何，两个人总是矛盾重重。每逢产生分歧，便不免会有摩擦。没有抚养孩子经验的贝多芬，有时对待卡尔的态度，也过于严厉。他曾这样写信批评卡尔：

"像你这样娇惯坏的孩子，学一学真诚与朴实决计于你无害。你对我的虚伪的行为，使我的心太痛苦了，难以忘怀……上帝可以作证，我只想跑到千里之外，远离你，远离这可怜的兄弟和这丑恶的家庭……我不能再信任你了。"

连署名也颇带着情绪："不幸的是：你的父亲，——或更好：不是你的父亲。"

而贝多芬对卡尔的宽恕也接踵而至：

"我亲爱的儿子！——一句话也不必再说，——到我臂抱里来吧，你不会听到一句严厉的话……我将用同样的爱接待你。如何安排你的前程，我们将友善地一同商量。——我以荣誉为保证，绝无责备的言辞！那是毫无用处的。你能期待于我的只有殷勤和最亲切的帮助。——来吧——来到你父亲的忠诚的心上。——来吧，一接到信立刻回家吧。"

这次的署名是"你亲爱的老父。"

贝多芬一直希望卡尔能子承父业，对他报以了很高的期望，希望他念大学，好好学习。但是卡尔却想去当兵。这件事使他们二人之间发生了很大的冲突。原本，两个人之间就有代沟，沟通起来就有困难。自耳聋以后，贝多芬的脾气就一直很暴躁。无论卡尔如何解释，贝多芬都听不进去。绝望的卡尔独自走在夜幕下的大街上，当掉怀表买了把手枪。然后独自来到一个城堡遗址朝自己脑上开了两枪。虽然没有送掉性命，但却受了重伤。看着病床上的侄儿，贝多芬心痛不已。他埋怨自己没有好好照顾卡尔。那个时候的宗教观念认为，自杀是一种亵渎神灵的行为，是要被判刑的。贝多芬为保护卡尔，极力辩护说："这孩子是从小就有神经性头痛，经常神经错乱，他自杀只是一时冲动。"最后，贝多芬只好同意卡尔当兵，在与军界的几个朋友商量后，为他在陆军元帅约瑟夫男爵那里谋了一个职位。

走上创作高峰

他每天夹着笔记簿子到田野中去彷徨，连吃饭的时刻都忘却，有时他遗落了帽子在田野中而归家，满头的乱发像狮子的发一般在空中飞扬。

——摘自丰子恺《近世西洋十大音乐家故事》·贝多芬

在那次给家人写了遗书之后的第二年年初，贝多芬彻底从精神危机中解脱出来，开始创作他轻快活泼的《第二交响曲》。这部作品与之前的相比，就像是一个分界线，开始转向新的创作方向，既浪漫清新又富有个性。有音乐家评论说："从这个时期开始，贝多芬就进入了他创作音乐的成熟期。"他的《第三交响曲》也接踵而至，到了1823年，在完成八部交响曲的几年后，贝多芬便计划着开始创作《第九交响曲》了。

《第九交响曲》的具体写作时间是在1822年到1823年。其实，早在他刚来维也纳向海顿拜师的时候，他就萌生过想要写这部交响曲的动机。在他还在波恩的布鲁宁夫人家的时候，就听来参加音乐会的人们探讨文学著作，那时候他最喜欢的就是席勒的《欢乐颂》，那诗里的词他到现在还记得：欢乐女神圣洁美丽，灿烂光芒照大地！我们怀着火样热情，来到你的圣殿里……能把席勒的这首诗谱成曲，一直是贝多芬的梦想。而1822年伦敦交响乐团对他发出的邀请，激发了他要把《欢乐颂》放入《第九交响曲》的伟大构想。

为了创作这部交响曲，贝多芬不停地搬家，仅仅一年的时间，就搬了4次。直到他来到了维也纳南边的黑岑村，才安定下来。年过半百的贝多芬此时已经完全耳聋，每次弹奏音乐都要费很大劲去"听"。每一个钢琴键盘下都被他放上了木棍，一端放在音箱里，一端叼在嘴里。他就靠木棍的震颤来感受每一个音调，每日蓬头垢面地坐在琴前谱曲。丰子恺这样描述他当时的外貌："他常常用棉花沾黄色药水，塞在耳中，外裹纱布。他腭上的须常常长到半寸以上，头发似乎从未接触过梳子，发束一般树立在头上。"为了创作，贝多芬无暇顾及自己的形象，有时还会情不自禁地即兴高唱起来。

据说，在创作这部曲子的时候，有一天贝多芬像往常一样穿着自己破旧的外衣，到外面去散步。走到一半的时候，看到周围美丽的景色，贝多芬的脑海里突然有了灵感，一下子乐思涌现，竟然不知不觉走到了离家很远的地方。等到自己反应过来的时候，已经是傍晚了。饥肠辘辘的贝多芬闻到旁边一个人家香喷喷的卷饼，耐不住把头探入窗口。他这个行为恰巧被路过的警察看到了，警察认定他是想偷东西的无业游民。贝多芬见解释不清，便大叫了一声："我是贝多芬！"警察不信，说："贝多芬怎会是这副寒碜样？乖乖回警局受训！"最后，还是镇长闻讯赶来作证，才证明了贝多芬的清白。

整个创作过程虽然历经波折，但是只用了一年的时间就完成了。当时，考虑到演出的经费等问题，贝多芬原本计划到伦敦和柏林去演出的，但是维也纳人民热忱的心打动了贝多芬。他们联名写信给贝多芬，希望他留下来，在维也纳演出：

在您的第二故乡，广大人民十分钦佩、崇拜您的非凡才华，今天，我们把一份只有一小部分青年艺术家与艺术界朋友的签名信交给您，并不揣冒昧地向您提出长期以来一直没敢启齿的请求……请您不要拒绝上演您手中最近的杰作，不要辜负了公众渴望鉴赏辉煌伟大而至善臻美的作品的心情……

这封情感四溢的信让贝多芬非常感动，他决定在维也纳彩排上演《第九交响曲》。

获得五次掌声

　　这第九交响乐于千八百二十四年五月演奏。演奏的时候，听众大声喝彩和拍掌，立在台上的贝多芬全然听不见。

　　　　——摘自丰子恺《近世西洋十大音乐家故事》·贝多芬

　　在维也纳向海顿学习期间，贝多芬交了不少朋友。这次他回到维也纳准备《第九交响曲》的音乐会，也得到了以前很多朋友的帮助。《第九交响曲》终于准备好，进入彩排阶段了。这部交响曲实在是史无前例的，最复杂、最困难的，很多音调很难唱出来。女声部的歌手要求修改，剪掉一部分难唱的音符，贝多芬拒绝了。他站在彩排现场，一次又一次地纠正着错误，反复了不知道有多少遍。贝多芬说："伟大的艺术杰作是不容有任何一点瑕疵的。"

　　1824年5月7日傍晚，音乐会如期而至。晚上，凯尔特纳托尔剧院挤满了宾客。在低沉压抑的弦乐声中，贝多芬的交响曲开始了。整个乐队演奏得威严有力，旋律跌宕起伏，时而压抑、时而悲壮，在场的观众全都鸦雀无声，屏息欣赏贝多芬的杰作。当乐队弹奏到第二乐章时，观众们热烈的掌声不得不让乐队重新演奏。而当表演最后一个乐章《欢乐颂》时，整个会场的人们全都沸腾了。这个将乐队演奏和人声合唱合在一起的合奏，让在场的听众连续爆发了4次如暴风雨一般的掌声。"贝多芬站在指挥台前，发疯似地跑来跑去，一会儿手臂高高举起，一会儿又蹲坐在地上，他手舞足蹈，仿佛要独自演奏所有乐器。他全身心地投入到自己的音乐当中了，加上耳聋，完全没有听到观众的鼓掌声，直到女歌手牵着他的手，让他面对着观众时，他才突然发现全场的观众已经起立，挥舞着帽子，向他鼓掌。"除了罗曼·罗兰这样的描写，贝多芬的好朋友申德克更是在笔记上记着："除了今天以外，我一生中还不曾听到过如此热烈而亲切的掌声。"

当时，曾有规定要求在有皇室成员出场的时候，听众需鼓掌3次，而演奏者出场，只需鼓掌一次。但当时贝多芬的那场音乐会人们却给予了5次掌声。到整个音乐会结束，人们还不肯离去，在剧场里高呼：万岁！万岁！低音歌唱家翁格夫人这样描述当时狂热的情形：

"在演奏将完的时候，有一件事使大厅内的人为之挥泪不止：我们的音乐大师虽然坐在音乐演奏厅之中，但他却什么也听不到，甚至在他的伟大的音乐作品演奏完之后，他也没有听到观众热烈的掌声和喝彩之声。他背朝着听众，直到我将他转过身去，他才看到了听众的面部表情，他们仍在热烈地、不停地拍着手，表现出极大的快慰和欢乐。贝多芬的这一转身突然使剧场中的每一个人都有一种前所未有的感觉，也许这是一种怜悯——他因耳聋竟没有听到如此赞许的掌声。瞬间，众人的掌声又如火山爆发般再度响起，并一阵接一阵地响下去，似乎永远没有完结。"

这场音乐会取得了巨大的成功，当演出进入尾声，准备谢幕的时候，贝多芬竟激动得晕倒了。当天晚上，他迷迷糊糊地自言自语着，不知道说着什么。既不吃饭也不喝水，直到第二天天亮。这是贝多芬毕生音乐才华的凝结，震撼了听众，也震撼了世界。

舒伯特

（1797年1月31日—1828年11月19日）

我的音乐作品是从我对音乐的理解和对痛苦的理解中产生的，而那些从痛苦中产生的作品将为世人带来欢乐。

　　弗朗茨·泽拉菲库斯·彼得·舒伯特（Franz Seraphicus Peter Schubert），奥地利作曲家，是早期浪漫主义音乐的代表人物，也被认为是古典主义音乐的最后一位巨匠。舒伯特的一生是在贫困中度过的，艰难的生活使他过早地离开人世，但他为人类留下了大量的不朽名作，在音乐史上被誉为"歌曲之王"。

冲上天的高音C

　　他的音乐天才来自何方，不得而知。他的母亲不是研究音乐的；父亲也不是十分有研究的人。舒伯特幼时在家庭中演习四部合奏的时候，父亲奏大提琴，舒伯特奏中提琴。父亲时时误奏，每被幼年的舒伯特所注意，他常对父亲说：

　　"父亲，奏错了呢！"

　　　　　　　——摘自丰子恺《近世西洋十大音乐家故事》·舒伯特

　　孩子们的歌声在教堂里荡漾。

　　他们站得远远的，让人无法看清。楼厢高高的护栏上，一个个小小的、圆圆的厚实的额头紧密地挨在一起，随着台阶的高低簇拥在一起。金色的、红色的、褐色的头发，配着一张张专注的小脸，张着他们嫩嫩的小嘴，从喉咙深处传出声音。这歌声洪亮、欢快，充满力量。可爱的孩子们在教堂里唱歌。

　　为他们奏乐的钢琴师舞动着双手和双脚，键盘左左右右，音栓上上下下，音符像酿好的美酒一般流淌出来。孩子们的歌声配合着琴声，曲调越来越高昂，整首曲子到了高潮。该是高音部好好表现的时候了。嘹亮的高音从圣母脚下升起，冲上天空，像云雀在欢唱，一点一点越来越高，直到利希滕陶教堂的蓝色天际……

　　这声纯净的高音C升到高空，就像核导弹那样散开一个蘑菇云，包裹住整个教堂的上空。就是这个高音部的童声，只有它才能升到天际那端，和云雀一起飞舞。

　　"这是上帝附在他身上，和我们讲话。"教会的指挥满意地笑着，"这个鬼精灵，这个弗朗茨·舒伯特！"

舒伯特从小就富有音乐天赋，11岁的时候就在利希滕陶教堂担任第一男高音了。他的父亲特奥多尔是一个憨厚能干的小学校长，母亲温柔和善，结婚前是锁匠的掌上明珠。她和父亲一起，在维也纳诺斯多弗街54号租了两间房子。一间自己住，另一间当作教室。每天都有将近200个学生来到他们家里上课，孩子们每人付给他1古尔登作为学费。

舒伯特的父亲既是一名教师，也是一位业余音乐爱好者。从舒伯特5岁起，就开始跟着学习，6岁开始在自己家开的小学上课。之后唱诗班的指挥米歇尔·霍尔泽教他小提琴、钢琴和声乐。对于舒伯特这位学生，米歇尔一直很满意，只要有机会，就要好好赞扬一下：

"每当我想教他一些新东西，就发现他早会了，因此我实在没有为他上什么课，常常是无言以对地注视着这位天才。"

在神学院合唱团

　　舒伯特十一岁的时候，加入教会的合唱队，为高音部歌人，又兼小提琴弹奏者。十二岁，入天主教会的学校。在校五年间的生活，为其一生音乐上的基础。同学的孩子们组织音乐演奏团，舒伯特充当小提琴手。他的演奏最为纯熟，引起全校的注意。

　　　　　　——摘自丰子恺《近世西洋十大音乐家故事》·舒伯特

舒伯特的父亲一直希望他可以子承父业，以后当一名小学老师。恰巧在舒伯特11岁这年，维也纳的官方报纸上登载了这样一则新闻：

维也纳最高教育机构皇家神学院公告：

本学院将于今年5月招考2名唱诗班歌童，入选者可在本学院下的附属学校接受高等教育。应试者须年满10岁，有一年的拉丁语学习基础。一经录取，学费全免。欢迎广大适龄学童报考。

看到这个公告，特奥多尔觉得，这简直是为小儿舒伯特量身定做的。他的弗朗茨，能歌唱，也会拉丁语。在寄宿学校接受免费的高等教育，对于一个贫穷的教师家庭来说，简直是个天大的机会！他要带着舒伯特去面试。在海因家修剪头发，在马塞尔集市上配顶帽子，最后再翻箱倒柜找出自己最好的衣服，让孩子妈妈改了改，给他穿上。舒伯特很顺利地进入了决赛，他站在神学院院长面前试唱，来的孩子们看着他那身浅蓝白色的外衣，开玩笑说他一定不会失败，穿得好像面粉厂主人呢。而事实也确实是这样的。

舒伯特的声音，让考官们沉醉。他的歌唱，让他们觉得自己仿佛是天上的云雀，在天空中嬉戏。教堂音乐总监安东尼奥·萨里利、艾伯勒和合唱团指挥库那都对小舒伯特不俗的表现赞赏有加。

维也纳神学院唱诗班的前身，是圣斯特凡教堂合唱团。海顿曾经在那里学习过10年。在这里，舒伯特不仅学习数学、拉丁语、自然科学和宗教等基础学科，还学习小提琴、钢琴、声乐等音乐课程。舒伯特学得很快，而他也把自己所有的课余时间都用在了音乐上。他还有位特别的老师。早在面试时，安东尼奥·萨里利就看上了这能唱到高音C的舒伯特。现在舒伯特考进神学院，萨里利决定亲手带他。萨里利是维也纳皇家宫廷的要员，主宰维也纳乐团40年之久。他之前从未在神学院亲手教过学生，舒伯特是第一位，他教弗朗茨最基本的作曲和音乐理论，比如对位法。

在神学院，舒伯特非常热衷参加音乐活动。学生们组织了一支音乐演奏团，舒伯特在其中担任首席小提琴手，每天为大家演奏一首交响乐或序曲。每逢舒伯特演奏的时候，学生们总是迫不及待地聚在广场下，听音乐从琴下流出。而舒伯特这个圆乎乎的矮小孩，总是在台前向大家害羞地笑着，脸上点缀着两个深深的小酒窝。大家都爱他，因为他的音乐。有个神学院学法律的学长斯帕文非常欣赏他：

"当时我是首席第二提琴手，小舒伯特就站在我后方。我很快就发觉这个小音乐家的节奏感远超过我，这是使我对他侧目的第一件事。

······

在我的要求下，他为我创作了他自己的小步舞曲。他有点害羞，面红耳赤地弹着，但我的赞美使他感到愉悦。"

后来，舒伯特和这位长他11岁的学长成为非常要好的朋友。因为贫穷，舒伯特没有钱买五线谱，斯帕文就悄悄地放在他柜子里。"大大的，厚厚的，漂亮的乐谱纸。好大一叠，都给你！"幽默风趣的性格，天赋迥然的才华，让他交到了很多朋友。

可是，17岁那年，发生了一场噩梦。在神学院的班日志上，他名字那栏标志着：变声。更糟糕的是，因为他把所有的时间都放在了作曲和演奏音乐上，他的学习成绩变得很差。日落，最后一缕阳光照射在他额头上，神学院的大门最终在他背后关上了。

不"称职"的老师

舒伯特十八岁的时候，已经作了歌曲一百四十四首。乐曲像流水一般地从他的笔上滚出，有时连自己都忘却自己的作品。有这样的一段逸话：有一天他把新作歌曲送给某朋友。过了两星期之后，又去访问这朋友，听见这朋友正在唱这歌曲。舒伯特听了以后，似乎很感动，问他的朋友：

"这个曲很不坏呢！是谁作的？"

——摘自丰子恺《近世西洋十大音乐家故事》·舒伯特

在即将成年之际，舒伯特离开了神学院。虽然他已不再是那学校的学生，萨里利老师却像以往一样教他音乐，神学院的朋友们也经常约他出去，在维也纳咖啡厅喝一杯咖啡，到剧院里看看莫扎特新剧《魔笛》。斯帕文还为他介绍了诗人约翰·梅尔豪费尔，他和舒伯特一见如故，两个人一起合作作了很多歌曲。

而舒伯特的父亲呢？他虽为舒伯特的才华感到骄傲，却不赞成他从事这项行当。他将舒伯特送到圣安娜师范学院学习，又在自己的学校给他安排了份教书的工作。不过，学校忙碌的生活并没有让舒伯特放弃音乐。他总是每天早晨很早起床，然后便开始作曲，直到早饭的时候再下楼去吃。他午休时在维也纳花园里散步，有了灵感就随手在地上划拉。

旋律好似是从他脑中流出的一般。刚离开神学院不到一年，他就创作了100多首歌曲。依歌德诗作的《野玫瑰》朗朗上口，《亲密的爱人》唯美抒情：

念你，在晨光波澜中；

念你，在古泉映月时。

像《魔王》与《纺车旁的格丽卿》这样的旷世之作也是在那时创作出来的。他的朋友史邦这样记述着：

有一天午后，我和马洛菲尔同去访问舒伯特。这时候舒伯特和他的父亲同居。我们走到室门口，看见他正捧着一册书，高声朗读《魔王》的诗，读得十分出神，全不注意到我们的来访。他拿了书册在室中反复徘徊，突然把身子靠在桌上。拿起笔来在纸上迅速地写谱，不久即作成了一首很好的歌曲。他自己没有洋琴，就拿了这乐谱跑到学校去弹奏。这一天晚上，就在那学校里演唱这《魔王》，得到校中的朋友的热烈的赞赏。

真是让人难以想象，那个时候他只有18岁。当然，他过度地劳神于音乐，也大大影响了教职工作。有时他听到窗外的一声云雀叫，顿时浮想联翩。一段一段音符如海潮般冲进他的脑子里，这股力量来势凶猛，把他的感情搅在一起，让他陷入无望的音符之洋中。快停下来吧，现在他的手还握着粉笔呢！心中一面拼命地抑制自己，一面在黑板上写上ABC，让孩子们照着描绘。他有时实在受不住了，就转过去对孩子们说："我们现在改上音乐课吧！"

可是算术课就没那么幸运了。一乘二等于二。二乘二等于四，他希望孩子们都记牢。这个时候灵感又飘上来了。"老师，二乘二等于几来着？"一个孩子说等于三，另一个说等于五。"你们都对呢！"沉浸在幻想曲中的舒伯特，总是忘我的发呆。

他的歌曲就像没关闸的自来水，总是不停地往外流。平时上课这样，课间孩子们恶作剧也依旧如此。"把鼻涕都蹭在你身上！"孩子们看见这位老师总是呆呆地样子，趁着他课间发呆的时候，好好捉弄他一下。舒伯特一惊，却发现孩子们全都跑去了，只留下"咯咯"的欢笑声。这孩子们的欢笑声也成了舒伯特的创作灵感。

爱上一个女高音

> 又有一说，舒伯特除了这伯爵家的女儿以外还有一个恋人。那是一位学校教师家的少女。又据说这少女并不美丽，面上有痘疮的痕迹。舒伯特曾经想跟她结婚。这希望怀抱了三年，终于为了生活不得安宁而作罢。
>
> ——摘自丰子恺《近世西洋十大音乐家故事》·舒伯特

据说，舒伯特之所以在学校执教期间，可以创作如此众多的作品，是因为情窦初开的他恋爱了。

那时正值希顿塔尔教堂创建100年，唱诗班的指挥米歇尔·霍尔泽邀请舒伯特为教堂作一首弥撒曲。作为米歇尔曾经的学生，舒伯特自然没有拒绝。他用了将近两个月的时间，作完了《F大调弥撒曲》。配上合唱队声部和管弦乐配器，教堂周年庆典拉开了帷幕。

那天，舒伯特亲自指挥，霍尔泽先生弹奏管风琴，特雷莎·格劳伯小姐则担任女高音。来教堂的人很多，熙熙攘攘地都看不到来观看他演奏的朋友们：知己斯帕文、搭档梅尔豪费尔、画家温斯特、教士舒伯尔……

演奏开始了。这首谱子他废寝忘食地作了两个月，每一个音符都很美妙，现在终于公众于世了。鼓声、琴声和歌唱声融合在一起，仿佛打开的天堂之门，一群天使在演奏。这时，一个女高音的独唱打破了原本缓慢平和的音调，像回转的气旋，从音的漩涡里升了上来。合唱队也加入了进来，同独唱一同上升，它们一同冲向天际……

女高音特雷莎甜蜜的声音，像丘比特的神箭，刺穿了舒伯特的心。那少女的声音，让他战栗，让他感动，他想捕捉到她的每一个音符，多么美妙！但是只要站在特雷莎面前，他就局促不安，变得寡言少语。

"她的声音，美得像海伦一样。"

想到这，晚上回家准备入睡的舒伯特不好意思地把头埋进了枕头里。

坠入爱河的舒伯特为她写了不少曲子，《爱之毒》《挫折的爱》《渴求爱》《初恋》《一切为了爱》《秘密》等，以爱情为主题的曲目俯首皆是。舒伯特借着音乐抒发心中的热情，内向的他总是难以启齿。不过最后还是因为种种原因没有走到一起。之后，他也不曾向外界说过这段恋爱，直到晚年才与一个名叫安斯林·胡登巴勒的密友谈起过这件事：

"我曾深爱一个人，她也爱我。她是一个老师的女儿，比我小很多岁。曾经演唱我作的一首弥撒曲。她的歌喉清澈嘹亮，而且极富感情。她不是那种明艳过人的美女，甚至脸上还有些许雀斑，但她心地善良、纯洁仁慈。有三年的时间，她希望我能娶她，但我的薪资实在不足以养家糊口。而后她拗不过父母的安排，也就嫁给别人了。我对此感到伤心欲绝。我仍然爱她，再也没有人能够比得上她在我心中的地位，她占据了我心中最亲密最深刻的那份感情。"

音乐与粮食

　　小学校辞职之后，千八百十六年春，他曾经想谋某音乐学校的教席，结果终于失败。以后屡次找寻职业，屡次失败。

　　当时有一个巨富的大学生，名叫舒贝尔，欢喜这无名的放荡乐人的歌曲，曾经供给他居室及衣食。其后自千八百十九年至二十一年之间，又曾寄居诗人梅尔豪费尔家里。

　　　　　　　——摘自丰子恺《近世西洋十大音乐家故事》·舒伯特

　　教堂的周年演奏大获成功，这让舒伯特对自己充满信心。特雷莎鸽子般的小嘴，妩媚的眼神一直在脑子里晃来晃去。若是想和她在一起，只靠小学教师那点微薄的收入，可是不够的。他看到报纸上有所学校要招音乐老师，便去面试，结果却失败而归。在老朋友梅尔豪费尔家，他倾诉着自己的烦恼，思考失败的原因。

　　"是因为努力不够呢！"

　　"音乐与教书不可兼存！"

　　"我要放弃教书，全心奉献给音乐！"

　　金色的太阳在外面闪着光辉，而他却必须在灰色的屋子里教书。他对父亲说，他要辞职，到外面的世界，拉着音乐的尾巴歌唱。在父亲的呵斥下，舒伯特做起了自由音乐家。他和朋友舒贝尔挤在一间狭小的屋子里，继续创作。与舒伯特不同，舒贝尔是个性格豪放又活泼好动的人。他的这种性格让舒伯特对他敞开心扉，两个人在一起，非常亲密。

　　成为自由音乐人的舒伯特，在舒贝尔家展开了自己的新生活。一首曲子接着一首曲子，从他的脑子里涌出，不间断地写。他从小便是近视，自作曲后，眼镜几乎就没离开过眼睛。他作曲常常作到张不开眼，戴着眼镜就睡。

第二天一早，就立刻爬起来，伏在五线纸上接着作曲，连洗漱和换衣服都顾不上。有的时候来了客人，聊着天时突然来了灵感，就随手拽来一张纸，一边说话，一边在五线谱上奋笔疾书。

不过，他这快乐无忧的作曲生活也不得不面对现实。他没有钱。为了钱，他到处去做家教。有钱人家的小姐们倒是很尊重他，不过看她们笨拙的手指头摧残着昂贵的钢琴，这揪得舒伯特的心一下一下地疼。于是他又跑回自己的小屋继续作曲，而贫苦的生活一直伴随着他：他和舒贝尔共用一件外衣，谁出门谁用。一个苹果加上一片面包凑合着当饭吃。他自己没有钢琴，就借朋友的来用。有一次他乐思骤起，便兴奋地跑到朋友家，可到那发现钢琴前已经有人在弹奏了，就只好红着脸失望地回来了。据舒贝尔说，那次他回来的时候，躲在被子里，发出像婴儿一般的哭泣声。

在舒贝尔家的一年，舒伯特创作的作品数量颇丰。他的好友们想把他"推销"出去，给歌德寄舒伯特为他的诗歌写的谱子，可是歌德却没有接受，把舒伯特的谱子又都寄了回来。但是大家没有放弃，又邀请当时维也纳红极一时的歌手费格尔，让他听一听舒伯特的曲子。原本，身材高大的费格尔对矮小的舒伯特没抱太大希望，但随着对舒伯特谱子一张张地翻看，费格尔的态度越来越温和。他离去的时候还拍着舒伯特的肩膀说："你的曲子有种引人入胜的特质。"

在伯爵家的幸福

千八百十八年，舒伯特曾为某伯爵家的音乐教授。除了幼时作小学教师外，这一次是他唯一的供职时期。那伯爵住在匈牙利的别庄里，请舒伯特到那里去教他的夫人和两个女儿学习音乐。这是他的生活中唯一的幸福时期。作曲时间也富有，生活也快乐。

——摘自丰子恺《近世西洋十大音乐家故事》·舒伯特

因为舒贝尔家的一位成员要使用房间，舒伯特回到了父亲家。在舒贝尔家，舒伯特完成了大量的作品，包括六十首歌曲、两首意大利风格序曲、七首钢琴奏鸣曲，以及好几套舞曲集。但是在1818年，舒伯特却仅作了16首歌曲和几首钢琴曲，原因是他到埃斯特哈奇伯爵家做了家教，教授他夫人及两位貌美的女儿。他们住在匈牙利杰利茨的贝利芙旅馆，那里风景绝佳，气候宜人。舒伯特开心地给朋友们写信：

"斯帕文、舒贝尔、梅尔豪费尔、西恩，你们可都好？我在此过得很好，我的生活、作曲，简直就像神仙一样，备受礼遇。

……

现在向你们描述此地的生活情形。我们的城堡并不是最大的，但建筑物玲珑细致，且环绕着一座花团锦簇的花园。我居住在城堡管家的厢房一侧，有40只鹅在附近游荡，有时大声唱和起来，使我们简直无法听闻彼此的谈话，除此之外，此地还算安静。在我周围的都是善良忠厚的人，待我也相当和善。"

舒伯特在那里过得很舒心，既没有经济上的烦恼，又有大把的时间作曲。那里的人对他都很和善。厨师、女伯爵的侍女、整理卧房的女仆、护士、总管，都敬爱他。伯爵夫人温文尔雅，两个小女儿伶俐乖巧。他每天在花园里漫步，和农舍里的公羊母牛们聊天。其中一位卡洛琳伯爵小姐还非常喜欢他，经常跑来找他作曲。一日，那小姐跑过来，跟舒伯特打趣说：

"为何不为我作首曲子呢？"

"我所有的曲子都是为您所作的呢！"

舒伯特对她的爱慕可见一斑。

这里有的是快乐，有的是物质上的享受、周到的服务，还有心上人在身边抚琴传情。不过，舒伯特却觉得这里并没有真正的艺术家，这里的环境实在太平和了。真正的音乐是要触及灵魂深处的，并让清新的、活跃的气息散发到每一个角落。而能够带给他这些的地方，只有维也纳。

啊，空气是如此平静，啊，世界是如此明亮！

那时当风暴正在呼啸时，我并不那么可怜，那么可怜啊！

当年11月底，带着卡洛琳小姐送给他的海蓝石烟斗，舒伯特满怀感激地回到了维也纳。

舒伯特党

舒伯特的放荡生活中，颇不乏离奇的逸话。他的朋友们都是相当地理解他、尊重他的人。这自然的团体无形中以舒伯特为中心，外人称呼他们为"舒伯特党"。这舒伯特党的集会的地点，大都在咖啡店里、酒吧里，及俱乐部中。团体大半是青年的独身者。活动的时间都在晚上。饮酒，弄音乐，高谈论阔。

——摘自丰子恺《近世西洋十大音乐家故事》·舒伯特

在舒伯特的生命中，有两件事是最重要的，一个是音乐，另一个是朋友。刚从埃斯特哈奇伯爵家回来，朋友们就来找他了。每个星期四，都是他们集会的日子，朋友们会带着美酒来找他，而舒伯特必须为大家准备好一首新的乐谱。若是没有，他就得挨骂，因为大家会斥责他："什么，你没有新的东西？你真的没有吗？你这个臭家伙，我们要打你，揍死你！你是要乐谱还是要命！"

在朋友们的"威逼"下，舒伯特不停地创作着新的作品。为了高效率地创作作品，舒伯特回到维也纳后，和诗人朋友梅尔豪费尔一同居住。那房子又小又破，只能将钢琴硬塞到一个空缺的角里，但是舒伯特却乐在其中。他喜欢每天早起写曲直到下午，然后出门到咖啡屋和朋友聊聊天、散散步，再去朋友家弹弹钢琴，最后在维也纳的小酒馆里用晚餐。余下的夜晚里，朋友们就和他聚在酒店里，弹琴唱歌。

舒伯特和朋友们在一起，不分彼此。他们吃饭、喝酒，钱都放在一起使用。衣服用具，也都相互分享。舒伯特是近视，身上常常带一个眼镜盒。

有一天，这眼镜盒突然不见了，怎么都找不到。晚上和朋友们一起喝酒的时候，聊天聊到高潮，有位朋友拿烟斗吸了口烟。那烟斗看起来特别眼熟，仔细一看，原来是用自己那丢了的眼镜盒改造的。原来，他这位朋友因为丢了烟斗，没办法，看见舒伯特的眼镜盒子放在桌子上，就随手拿过来改造了一下，暂时代作为烟斗了。这群亲密无间的好友，身边的人都称他们为"舒伯特党"。

再说说和他同住的好友梅尔豪费尔吧。梅尔豪费尔性格内向，因为身体欠佳，所以暴躁易怒，而舒伯特天性温柔和善。这两个好朋友在一起，表面看来在性格上尖锐对立，但他们彼此爱惜对方，从来没有红过脸。在舒伯特去世后，梅尔豪费尔这样描述他们同居的生活：

我们一起在租屋同住时，个人生活上的怪癖比较会因迁就对方而隐忍不露，这点是绝对肯定的，因为我们两人原先是何等不同啊！我们彼此调试、互相容忍，同时也修正彼此很多棱角，进而发展为能相互欣赏对方、彼此和平相处的局面。他的开朗坦率的个性和我的内向不由得结合起来，互相彰显助益……

19世纪的维也纳受意大利的影响，人们都非常喜爱歌剧。可维也纳养得起艺术，却养不起艺术家。舒伯特想看歌剧没钱买票，他的朋友们就一个个的想尽办法给他弄票。终于，1819年那年，他也创作出《神奇的竖琴》《孪生兄弟》等自己的歌剧了。1820年歌剧上演的时候，朋友们怕维也纳观众不喜欢舒伯特的歌剧，就包下了大半个首场，在歌剧上演的时候，他们连连起立为舒伯特喝彩，弄得其他观众很不满意。首演结束后，一伙朋友就簇拥他到剧院旁靠近圣斯特凡教堂的蓝奇酒馆去饮匈牙利酒，尽管歌剧的乐评差得令人沮丧，但朋友们却为舒伯特的"成功"欣喜若狂。

走向出版

　　《魔王》作于千八百十八年。一直过了五年之后，方才有出版业者肯为印行；然而是没有版税的。他的作品的复印，这是第一次。这书在九个月间销售八百部。于是再集十一首歌曲，继续出版。第二次出版的时候，一向不大高兴的出版业者居然愿出八百个弗洛林买他的版权。

　　　　　　——摘自丰子恺《近世西洋十大音乐家故事》·舒伯特

　　维也纳有位名叫佐恩拉依特纳尔的律师，非常喜欢音乐，每周五都在家里的古恩德尔庭院举行音乐会。这个私人音乐会在私下很受维也纳音乐青年的欢迎，渐渐地演变成一种正式活动。舒伯特在那里便是一个重要的角色。随着舒伯特歌剧的公开上演，创作的不断突破，他的知名度也越来越高。当人们在私人音乐会上听见舒伯特异乎寻常的《魔王》，很多人不禁感叹赞美它的作者，管舒伯特要谱子。这时，舒伯特的朋友们发现，舒伯特的作品居然还没有出版，他们居然把这么重要的事情给遗漏了。

　　舒伯特是贫穷的，在辞去教师的工作后，他就不再有固定的收入了。若是想要出版作品，唯一的方法就是去找出版商。朋友们知道舒伯特天性害羞，便帮他接手这件事，找出版商商谈出版的事情。因为没钱没背景，他们到处碰壁。斯帕文首先徒劳无功地试了第一次，出版商们说，"舒伯特只是一个年轻的艺术家，不应当有太高的要求，要有自知之明。"其实，归根结底，他们的那套贬低人的说辞，只是为了压低价钱而已。

　　其他的朋友们接着寻找别的出版商，可是答复依然是，他们不愿承受出版一个新人作品的风险。在这些商人眼里，只有利益才是最重要的。朋友利奥波德·桑莱斯勒这样栩栩如生地描述：

我提供《魔王》给艺术经济人，托比亚斯·海斯林格和安东·黛比利试阅，但他们两人都以作曲家默默无闻以及钢琴伴奏过难，出版后获利的可能性不高而拒绝了，甚至连将原稿无偿出版的条件也不接受。

不过，利奥波德·桑莱斯勒和舒伯特的其他朋友们自有其他打算。他们决定自己筹资替舒伯特出版他的作品。

我和胡登巴勒及其他两位艺术爱好者决定开始募款筹划出版第一部舒伯特歌曲集。1821年2月，《魔王》付梓。我父亲在一次宴会上宣布《魔王》已经出版，当场就卖了一百多本，所得的款项足够支付出版第二卷所需的费用。如此我们用自己的资金陆续出版舒伯特的前12部作品，并在安东·黛比利的店中寄卖。

如此，舒伯特的作品终于走向出版，挣了的钱大多用来偿还他以前在咖啡店、酒店、饭店所欠下的债务。此时，已经小有名气的舒伯特活动非常频繁，他的名字经常出现在维也纳的报纸上，以至于他的朋友们，斯帕文写给舒贝尔的信上这样形容他："至于舒伯特，我可以从报刊上知道有关他的最详尽的资料。"

最美《冬之旅》

他的贫乏，他的孤独，均与贝多芬相似；然而他的性质比贝多芬为乐天的。安于潦倒放荡的生活，若固有之。他不像贝多芬似的用激昂的态度来同命运相战斗，只是静静地在歌曲中发泄其深切的哀愁与伤感而已。例如《冬之旅》《辞世》等曲，是最为伤感的。

——摘自丰子恺《近世西洋十大音乐家故事》·舒伯特

在舒伯特的生命旅途中，陪伴他时间最多的，要数舒贝尔。他是一位才华横溢且生活放荡的青年，经常带着舒伯特整夜喝酒娱乐，有时还会出入声色场所。1822年，在这位朋友的不良影响下，舒伯特得了梅毒。这种病在当时是无药可医的，病毒侵蚀着他的身体，让他痛苦到绝望。他回家疗养身体，刚有点起色，却又陷入经济危机。他的作品不合观众的胃口，维也纳只给了他"二流作曲家"的名号。梅毒在身体里泛滥，头发一根根地脱落，带着假发，他在床榻上谱着曲子。

关于他那时的贫困生活，有这么一个流传已久的故事：

有一天晚上，他没有吃饭，饿着肚子在街上徘徊，希望能碰见一个熟人，借点钱好充饥。但好久也没有碰到熟人。这时他走到一家豪华的酒店门前，他走了进去，在一张桌子前坐下，他忽然发现饭桌上有一张旧报纸，舒伯特就拿起翻看着。他见上面有一首小诗："睡吧，睡吧，我亲爱的宝贝，妈妈双手轻轻摇着你……"这首朴素、动人的诗，打动了作曲家的心灵，他眼前出现了慈爱的母亲的形象。是呀，在那宁静的夜晚，母亲轻轻地拍着孩子，哼唱着摇篮曲，银色的月光透过窗子照在母子的身上，这是多么美好的生活呀……，舒伯特再也抑制不住自己，于是，他从口袋里掏出一张纸，拿出一支铅笔，一面哼唱着，一面急速地谱写着。舒伯特写好后，把歌曲交给了饭店的老板，老板虽然不懂音乐，但觉得这首曲子那么好听，那么优美，便给了舒伯特一盘土豆烧牛肉。

这首曲子就是后来闻名世界的《摇篮曲》。人们把它放在铺满红绸的盒子里珍藏，而它却只给它的作者带来一盘菜。

舒伯特喜欢给诗歌谱曲，尤其喜欢谱穆勒的诗。他的诗让他觉着是在刻画自己。"我来时孤身一人；我走时，还是孑然一身。五月有遍地的鲜花，是对我的垂怜。"《冬之旅》映入眼帘的第一句诗，就让贫困交加又身患疾病的他身临其境。舒伯特决定将《冬之旅》谱成曲：

"磨坊工人被他所爱的女子抛弃，马上要成为富人家的太太。小伙子伤心地哭泣。"

凝结成冰的泪珠在我面颊上滚下，

我在哭泣吗？

啊！眼泪，我的眼泪啊！

刚才是温热的，现已转成寒冷早上的露珠。

忧伤而低落的音调。泪水已结成冰，心中的爱却还没冷却。他希望自己温热的眼泪，心里还没有熄灭的火花，可以将冰雪融化，再看到往日的草原，寻找他和她曾经牵手漫游过的脚印。谱到这，舒伯特想起了他心爱的特雷莎，她早已嫁给了面包师。

"路过曾经和恋人走过的路，想起以前的誓言，他心如刀割。"

你曾经流得多欢畅，现在却沉默无语。

你把你自己遮羞，用坚硬的面具隔绝。

在河边，他曾用尖利的石块在结冰的河面上写她的名字，可是冰还没有化，她却先消失了。浪漫的旋律一圈圈地涌起，只是越到最后越是凄凉。温柔与尖锐同在，卡洛琳小姐的蓝色烟斗他一直带着，只是那记忆早已不被确认。

"他看到头顶的乌鸦，想和它一起离开这世界。"

乌鸦，你这个奇怪的动物，你要来吞噬我的尸骨吗？

好吧，已经不远了，请你忠实地伴我进坟墓吧。

"他看到树上仍挂着最后一片叶子，就将自己的'希望'寄托在上面。"

当树叶落地，

抽泣着连同我的希望也被埋进坟墓。

在寒风中，唯一的那一片树叶孤零零地在风雪中颤抖着，它的凄婉与不甘，被舒伯特用音乐语言"说得"淋漓尽致。

……

这首可以堪称艺术歌曲巅峰之作的声乐套曲，是舒伯特耗尽全部心血作成的，它令舒伯特的朋友们第一次听时，无不惊骇。斯帕文记载当时演出的情形：

我们被这些歌曲中哀凄气氛震慑得不知所措……为这些忧郁凄绝的曲子

着迷不已，加上费格尔专业水准的演出后，效果更加明显。

这诗歌原本只是纸上的文字，有了舒伯特为它吹进音乐这生命的气息，便开始苏醒了。恐怕，在德国艺术歌曲中再也找不到比《冬之旅》更美的作品，而《冬之旅》也可以说是舒伯特为自己所创作的"天鹅之歌"。

睡在贝多芬旁边

贝多芬死后十八个月，即次年十一月十九日，舒伯特就辞了人世，追随贝多芬而去。躺在死床上的舒伯特向他的兄弟及友人提出一愿：

"请给我葬在贝多芬的旁边！"

弥留的时候，他口中不绝地叫：

"贝多芬不在这里呢！"

舒伯特死后，其兄弟及友人们依照他的遗嘱，给他葬在离开贝多芬不到三墓的地方。

——摘自丰子恺《近世西洋十大音乐家故事》·舒伯特

1824年5月7日，贝多芬的《第九交响曲》音乐会首映在维也纳凯尔特纳托尔剧院取得巨大成功。

贝多芬在剧院的休息室里休息，门外站着一个身材矮小，肩膀宽厚的年轻人。"里面是伟大的贝多芬呢！"在听完贝多芬的音乐会后，舒伯特一路跟着工作人员，想找机会和偶像贝多芬打声招呼。"他的《欢乐颂》，哦！哦！太了不起了！我的先生。我要向他诉说我对他的尊重和仰慕。"

手握着门把手，想到马上就要见到贝多芬了，舒伯特的心激动不已。心数三下，就把门开开，向他问好！"一，"门上把手反射出他那双旧得漏了洞的鞋子，怎么能穿着这么破的鞋子迈向自己的偶像呢？"二，"他捏了一把自己的裤子，上面全都皱巴巴的，亲爱的贝多芬会怎么想我呢？"三，"外衣里的棉花好像露出来了……不！不！不能进去！不能让贝多芬看见自己这个贫穷的样子！舒伯特转身跑回家里去了……

这是不知道第多少次，舒伯特从去拜访贝多芬的路上"临阵脱逃"了。他很仰慕贝多芬，却没勇气站在他面前。就像丰子恺说的那样："舒伯特早已仰慕贝多芬的大名，然而无从求见。又因为舒伯特秉性孤洁，亦不愿登门拜访当时的伟大人物的贝多芬。因此这两位乐风相似、伟大亦相似的乐圣，在世间终于为社会阶级所隔绝，所以没有见面之缘。"

他们似乎是命中注定只能听闻对方，却无缘相见的。在丰子恺的笔下，被描述得栩栩如生：

直到后来，有一个出版业者劝请舒伯特去访问贝多芬，奉承自己的作品，求他介绍，吹嘘。舒伯特当然不愿意；但为了私心仰慕贝多芬的艺术，又因出版者的强请，有一天，他果真答允了，随了这出版业者，挟了一册自己的作品，拜访贝多芬之门。

机缘真不巧，贝多芬恰好不在家。于是舒伯特只得把带来的作品稿子留放在桌子上，怅然地回去。

后来贝多芬得了病归来。一到家里，就躺在病床上，从此起不来了。有一天，病势偶减，他的友人想慰他的寂寥，拿桌上的一册书给他放在枕边，让他翻阅消遣。这册书就是舒伯特所带来的作品集。贝多芬看了这等作品，猛然叫道：

"这里有神圣的闪光！是谁作的？"

旁人告诉了他舒伯特的名字，又把这句话传达给舒伯特。舒伯特得知了这消息，立刻奔到贝多芬床前。贝多芬的病已经十分沉重。晓得舒伯特的来到，勉强振作，握着他的手叫一声：

"我的灵魂是弗朗茨（舒伯特的名字）所有的！"

还有逸话说，那时舒伯特带着谱子去拜访贝多芬，是见到他人的。贝多芬看过他的谱子后，赞赏不已，便让舒伯特当场创作一首。舒伯特天生内向，又很害羞，借着上厕所，跳窗子溜回家了。

总之，贝多芬认识舒伯特不久，便去世了。舒伯特听说了这件事，终日郁郁寡欢，身体越来越差。他给舒贝尔写信说："我病了，已经有十一天没吃任何东西，没喝任何东西。我疲惫不堪摇摇晃晃，从椅子那儿走到床边，再从床边走到椅子那儿……"朋友们来看他，他在床上转过身来，瘦削苍白的手指着墙缓慢严肃地说："这就是我生命的尽头。"两天后，舒伯特离开了人世，年龄未满32岁。依他的愿望，将他葬在了音乐泰斗贝多芬墓旁。墓碑上刻着他的朋友格里尔帕策为他题写的墓志铭："这里葬着音乐的瑰宝，也埋葬着更多美好的希望。"

柏辽兹

（1803年12月11日—1869年3月8日）

音乐是心灵的迸发。它不像化学那样能进行实验分析。
对伟大的音乐来说只有一种真正的特性，那就是感情。

埃克托·路易·柏辽兹（Hector Louis Berlioz），
法国浪漫派作曲家，指挥家、评论家，19世纪上半叶
法国音乐最伟大的代表者。早年学过长笛和竖笛，后
来又学吉他，但从未学过钢琴。柏辽兹以1830年写的
《幻想交响曲》闻名。

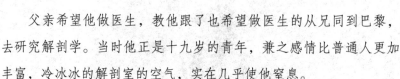

解剖室里的笑声

父亲希望他做医生，教他跟了也希望做医生的从兄同到巴黎，去研究解剖学。当时他正是十九岁的青年，兼之感情比普通人更加丰富，冷冰冰的解剖室的空气，实在几乎使他窒息。

——摘自丰子恺《近世西洋十大音乐家故事》·柏辽兹

在冬天某个阴沉的日子里，巴黎某医学院的解剖室里同往常一样尸骨横陈。解剖室的正中央，几个医学院的学生正在教授的指导下，解剖一具尸体。挥动着手术刀，不久，尸体就被解了肢，面目全非。滴答，滴答，尸体身下的解剖台布终于负荷不住血液的重量，一滴滴落在地上。脚踩在上面，黏糊糊的，混着空气中的血腥味，让人作呕。

"啪！啪！啪！"

听见阿穆莎教授的拍手声，学生们停下了手中的动作。

"同学们，现在摆在大家面前的，是纳波米先生，上午死于结石。新鲜的尸体！"纳波米的肚子刚被学生们剖开，肠子卷在一起，露在外面一部分。

一双双眼睛放着光芒，射向教授。有两个星期没有上解剖课了，这群喜欢宰割人肉的"小魔鬼"们早就手痒了。这群医学院学生，最喜欢解剖尸体了。而除了这项集体活动，有部小品，也是他们在解剖前必要欣赏的。

"埃克托尔！"又被教授点名了。

站在离解剖台最远的，双手持刀的一个小伙子不禁打了个寒噤，哆哆嗦嗦地走到尸体前。

"你父亲嘱咐我说，要多多帮助你。"

"来，用我的刀，新鲜的沾满血液的。哈哈哈！"教授把他一把拉在解剖台前，一边若无其事地继续讲课，一边用眼瞥了他一眼。

这年轻的男孩子挺了挺腰板。"埃克托尔，不要怕。"他心里想着，却控制不住颤抖的手。

"今天我们要学的，是有关结石病的手术。"

"目前，这种手术还只能在死人身上进行。"

"这具尸体是器官病变引起的结石。"

……

"我们看看他的肾脏……"

阿穆莎老师只要一讲起尸体，就变得滔滔不绝，全然没有顾到周围一圈那似笑非笑表情。原来，埃克托尔的手术刀掉进尸体被剖开的腹中了，他没有勇气把它拾起来。现在教授转过身去，看见他那副糗样，学生们终于忍不住，刺耳的大笑声灌满了整个解剖室。

"柏辽兹先生，埃克托尔·柏辽兹，努力别做个庸医吧。"

……

这便是埃克托尔·柏辽兹在医学院的生活，他胆小，怕上解剖课，更讨厌死尸。可是因为有了一个做医生的父亲，不得不奉命来到医学院学习。离开了家乡阿尔卑斯山上的小镇，跑到这巴黎医学院，便开始了痛苦的生活。或许，远在家乡医术精湛的父亲此刻还做着儿子成为名医的梦吧。只可惜，他的宝贝儿子在医学院过得并不快乐，分分秒秒都痛不欲生，就像他自己说的那样：

"我竟然要当医生，学习解剖学！还要给人做恐怖的手术！……还要去接近那肮脏的护士，成为手术台旁一名令人恐怖的医生，整天翻动那些面目狰狞的僵尸，听着病人的惨叫，以及那垂死之人的抱怨与回光返照的游丝般的哀鸣吗？"

挡不住的音乐梦

所以他虽在医院里研究解剖，而暇日常常到图书馆里，在那里暗记格鲁克、拉莫、莫扎特等名作曲家的乐谱。后来他在剧场中听到了格鲁克的歌剧《伊菲姬妮在陶里德》。他的热情异常兴奋，从此发心欲做音乐家。他就向父亲陈明自己的志愿。忽然用了可惊的毅力研究作曲了。

——摘自丰子恺《近世西洋十大音乐家故事》·柏辽兹

巴黎与柏辽兹出生的小镇不同，它繁华，文艺生活丰富，是一个不夜城，歌剧、音乐会比比皆是。宣传广告贴得到处都是，经常有国外的歌剧家和音乐家来这里演出。枯燥的医学课和充满感情的歌剧相比，后者一下子就抓住了柏辽兹的心。其实，当柏辽兹还是个小孩子的时候，就喜欢弹弹吉他、吹吹笛子这些小乐器，有时夜深人静玩不了乐器，他就躲在书房里偷偷看那些压在箱子里的爱情故事。所以说，他是一个感情非常丰富的人，巴黎的提琴声一奏起，他的魂儿就被"钩"走了。早就不记得自己是医学院的学生了。用丰子恺简练的语言来形容，就是：

"见了眼前展开着的灿烂的文化，天生成的浪漫家的心大受诱惑，从此对于干燥无味的药学愈加冷淡了。"

刚来这里一年，他的心就全都塞满了音乐。萨里利的《斑蝶》把他脑袋里的医学知识吹得一干二净，只剩下他所听到的音乐旋律；佩尔索的赞美诗《当我心爱的回到我身边时》，柏辽兹又仿佛看见"爱情和音乐在向自己招手"。有的时候，他看完演出，整夜辗转反侧睡不着，却在第二天的解剖课发出隆隆的鼾声。当他锯着尸体的头骨时，便会情不自禁地唱着达纳乌斯的《享受平坦的一生》。而在宿舍背书时，他便更控制不住自己了，经常忘记

别的同学在复习功课，吟唱着歌剧的某个片段。直到舍友大声吆喝一声：

"喂！喂！清醒一点！赶紧做我们的事！过两天尸体就腐烂了。十八个法郎呢！"

他的脑子被猛撞了一下，如梦初醒。父亲嘱咐我好好学医呢！我这是在做什么呢！可是放弃喜欢的东西可不是那么容易的事。就这样，音乐和医学，他来来去去，左右为难。这时候，正好格鲁克的《伊菲姬妮在陶里德》上演了，那曲调让他废寝忘食。走出剧场的那一刻，他想，我这辈子，就只要音乐了！

他知道，现在他是一个音乐业余爱好者。为弥补自己贫乏的音乐知识，他经常泡在图书馆里看书。后来，他听说巴黎音乐学院图书馆免费对外开放，便成为里面的常客了。在那里，他一遍又一遍地读着格鲁克的谱子，时时刻刻精神都处于亢奋中。这学习音乐的天堂，还让他认识了热罗诺，音乐学院勒絮厄尔的学生。他把柏辽兹介绍给他的老师，拿他的作品给老师看。这位友善的老师看着他拙脚的作品，非但没有摆架子，还收他做了弟子。他说：

"你的作品里充满了激情与戏剧化的情节，但你还不知道如何作曲，因而你的和声中还存在很多错误。当然，给你指出这些可能是没用的。热罗诺将很愿意教给你我们关于和声的原则，只要你对它们有了了解，并能够理解其含义，我将很高兴收你做弟子。"

作曲和和声的原则知识，他在热罗诺的帮助下，几周便学完了。对于鼓起勇气转行的柏辽兹，勒絮厄尔很是关爱。他时常带着柏辽兹一起去散步。并鼓励他，把自己年轻时的故事讲给他听：他在巴黎圣母院竞争唱诗班的主管，梅雨尔对他深恶痛绝；他在音乐学院中遭到拙劣的音乐家的侮辱，有人为反对他的歌剧《岩洞》而策划阴谋……他们在塞纳河畔或是杜依勒里公园的树荫下畅聊，就如亲父子一般。

柏辽兹的音乐之门，终于打开了。

坐在回家的车上

他幼年时代所受的教育，是极严格的天主教的教育。父亲是医生，同时又是他的一切科目的教师。最初教柏辽兹音乐的，也是父亲。他的自序传中记着：

"父亲彻底地说明符号，教我读谱。不久又教我吹笛。我一遇到音乐就猛力用功。经过七八个月之后，已能吹得很像样了。"

——摘自丰子恺《近世西洋十大音乐家故事》·柏辽兹

只要没有课，柏辽兹就会跑到歌剧院。格鲁克的《伊菲姬妮在陶里德》让他总幻想自己是里面的武士阿略依斯，上课时心不在焉。但成绩的直线下滑并不影响这位年轻人的心情。因为他并不喜欢医学，尤其讨厌解剖尸体。巴黎贫民窟里抬来的肿胀的尸体让他作呕。他喜欢音乐！只有音乐才能让他暂时忘记解剖室里的味道。

"不想做医生呢！"他跟舍友说。

"因为解剖课？"

"血腥的尸体让我失魂落魄，那里简直就是肉食铺！不！还不如肉食铺！那里至少还可以做出香喷喷的香肠……"柏辽兹一边说着，一边踢了踢桌下的箱子，那里原本放杂物，现在却用来装医学书。

……

一转眼，马上就要放暑假了。他想借此机会跟父母摊牌：放弃学医，做音乐家！

背着行李，坐上回家乡的驿车。顺着蜿蜒的坡路，马车一连走了好几个小时。车窗外一只小麻雀飞过，远远望去就像一颗无足轻重的黑点。埃克托尔的脸贴在窗子上，专心地看着外面叠翠起伏的风景。小麻雀在田野上空雀

舞。他突然想，这麻雀的声音究竟应是怎样的呢？是"啾啾"呢？还是"咕咕"呢？怎样用音符来展示它们呢？

音符一个个从他的脑海里跳过，编织成一段优美的曲子。现在还不能这样，他想。这次回去，是有目的的。得告诉他们，自己放弃学医这件事。可是母亲是那么爱自己的，父亲是那么努力栽培自己的。童年的事，开始一幕幕地从他脑海里闪过：

6岁的时候去神学院上学，学校管理得很严厉，经常受体罚。哭着跑回家，父亲抱着自己，一边哄着一边唱摇篮曲……

神学院倒闭了，在家跟着父亲学习。他的书房就在自己房间的隔壁，到夜深人静的时候，就偷偷跑到那里读书。有拉丁文和地理书，也有激烈的爱情故事，这让他比别人家的孩子更早熟，感情更丰富……

有一天在父亲的书房，他在抽屉里发现了一根竖笛。他躲到角落里学着吹，父亲忽然不期而至。他先是惊讶，然后高兴地教他指法，教他识谱。那之后，父亲遇到富裕的病人家，总要劝他们为孩子请个音乐老师，学学艺术。跟着他们，柏辽兹也学会了很多乐器，长笛、打鼓，还有谱曲……

……

他童年最快乐的事，就是学音乐。最让他震撼的，也是音乐。12岁那年，他的生命发生了改变。村子里教堂的领圣餐乐，让他激动得直流鼻血。他在自传《回忆录》里写道：

"我以为天堂为我张开大门，我感受到的美丽，远超过他人描述的千倍以上。我年轻的灵魂欣喜若狂。这是我对音乐的初经验。"

"请让我学音乐吧。"到了家，他对父亲说。可父亲严厉地拒绝了他，母亲则刻薄地回了一句："你总要想想我们为你付出的吧。"这本来没有希望的事，在他准备返校时，却发生了转机。可以做音乐家，但记住永远不要做二流的！父亲的话，让柏辽兹心里的石头终于落地了。不过，为了音乐，柏辽兹还是付出了巨大的代价。他永远也忘不了他亲爱的母亲对他咆哮的那一幕：

"很好，给我滚！滚到巴黎的贫民窟，玷污我们的名字。叫你父亲和我的脸面尽失。你不走，我就绝不踏进这屋子里一步。从今以后，你再也不是我的儿子！"

求借1200法郎

　　因为有这原故，柏辽兹不得入音乐院的机会。后来他作弥撒曲在巴黎演奏，博得好评。音乐院就不得不许他入院。然而入院以后，自院长教师以致同学，对他的奔放的态度都抱反感。家庭方面又受父亲的屏斥，不供给他学费。于是他不得不到某喜剧场中去充当歌手，以获得糊口之资。

——摘自丰子恺《近世西洋十大音乐家故事》·柏辽兹

　　没有家庭支持的柏辽兹，一直想创作一部优秀的作品来证明自己的实力。他在医学院有位教文学的安德鲁老师，想拜托他给自己写脚本，可那老先生却婉转地拒绝了，拍着他的肩膀说："啊，是的，年轻时我对音乐也非常着迷，是个狂热的皮契尼崇拜者和格鲁克迷。"他又跑到大剧作家达马尔家，可是来了好几次都没勇气进去。

　　"离他的房子越来越近，我感到心脏'怦怦'跳动——这可是不祥的预兆。"

　　"看到了他的家门，我开始战栗；我待在台阶上，不知所措。"
……

　　年轻而富有激情的柏辽兹，憧憬着美好的未来，却又一次次地无归而终。幸运的是，在那之后不久，圣罗什教堂的马松先生给了他一个为教堂写弥撒曲的机会。马松先生说，那弥撒曲将在圣婴日，在教堂上演。将会为他挑选100名优秀的音乐家，还有一支规模庞大的合唱队，而教堂合唱队的孩子们将无偿而认真地完成这项任务。这说得柏辽兹心涌澎湃。他倾入极大的热情来写这部曲子，一边写一边幻想着，他的弥撒曲宏伟的和声将回响在圣罗什大教堂的拱顶下，这部曲子定会让全家人感到骄傲的，他的母亲也会原谅他的。

可到了彩排那天，他却发现之前的美好设想都是幻觉罢了。马松先生实际给他的合唱队伍只有20人，乐器也不过只是9把小提琴和一把中音号、一只单簧管、一支法国号和一支大管而已。乐谱也被抄得乱七八糟，几乎每个人的都不一样。这里缺了10个休止符，那里少了30个小节。

"吹松管的那位先生，你吹的是什么音？"

"嗯……是A，先生。"

"可我写的是降A呢！"

"我是按谱子上的吹的，先生。"

"难道上面没有变音符号吗？"

"……什么都没有呢……"

"简直是胡闹！"

这排练糟糕得不得了，让他心里无比绝望。走在巴黎的大街小巷上凝眸苍天，一分钟可以叹息好几次。"我的弥撒曲，我的庄严弥撒这样失败呢！真想跳到河里面让鱼们狠狠地咬一口呢！"

可是柏辽兹怎么忍心真的让那个杂牌的乐队演出自己的作品呢？但现实是，要想请好的乐队演出，需要很大一笔钱，要1200个法郎。在音乐界，他并不认识什么人；在没有任何成就前，他也不好意思管家里借。有朋友建议他说，可以跟善解人意的夏多不里昂先生借钱，他会理解你的。只可惜那先生回绝了他，不愿意借钱帮他举办音乐会，演奏弥撒曲。回信委婉而让人心凉：

"您向我求借1200百法郎，可是我并没有这笔钱……先生，我深切感受到您的痛苦。……然而，我们的才能所经受的种种考验将使它本身获得成功；成功的那一天将会补偿我们所受到的所有痛苦。"

这封信让柏辽兹从绝望变成颓废到极点。他挑不出任何理由来反驳父母了。然而就在这时，他很偶然地结识了一个年轻的音乐爱好者——德邦。他出生在贵族家庭，生活比较富裕，当目睹了柏辽兹在圣罗什教堂的惨败，深为柏辽兹感到不平。他给了柏辽兹1200法郎，支持他的事业。这笔资金大大帮助了身处困境的柏辽兹，圣罗什教堂的公演取得巨大成功。

在这之后的日子，柏辽兹既是快乐的，也是痛苦的。快乐的是，音乐会的成功让他进入了巴黎音乐学院；痛苦的是，他骨子里自尊心非常强，想拼命攒钱快点还给德邦。他在街道的老城区租了一间低价的小屋，过着修士一般节俭的生活。不再像以前那样到饭店吃饭，三餐最多只花七八个苏。他做兼职，教几个学生长笛，又到剧院做合唱队员这一卑微的工作。

在这样节衣缩食的生活中，柏辽兹的生活也过得有滋有味。他用110个法郎给自己买了台钢琴，尽管只会敲几个音，但也美得难以名状；还给自己买了很多书：托马斯·莫尔、拜伦、莎士比亚的作品，都是他的最爱；而在巴黎音乐学院，他听雷哈教授讲《赋格与对位》，听勒絮厄尔教授讲《作曲学》……

这样，他的"野心"越来越大，一发不可收拾。

追求史密孙小姐

柏辽兹二十五岁的时候，有烈火一般的恋爱来袭。这在他全生涯的横逆的运命中是最突出的一件大事，不可以不特记。

——摘自丰子恺《近世西洋十大音乐家故事》·柏辽兹

柏辽兹非常喜欢看歌剧，而且还非常喜欢带着朋友们一起来看。每次歌剧院有新的歌剧上演，他都会提前好好"预习"那些作品，认真做准备。然后，不管他的朋友们愿不愿意，强行把他们带到歌剧院，送给他们门票，让他们和自己一起看歌剧。为了实现这个目的，柏辽兹还耍了点"小阴谋"，跟朋友们说那些票是行政部的职员送的，把大家骗进了歌剧院。

这个歌剧痴迷者，对与看歌剧的位置，也是挑剔得很。《回忆录》里他描述说：

"只要我一领着我的伙伴去听格鲁克杰作的演出，我就让他们坐在正厅后排的长凳上。并且建议他们最好不要换位置。因为没有一个座位对于听觉效果来说是十全十美的，每一个座位的优缺点我都研究过。这里，我们距离法国号太近，器乐湮没了人声；上面，我们距离舞台又太远，妨碍我们辨清对白或是演员的表情变化。某部作品的配器应该从这个地方听，而它的合唱则应该从另一个地方听。"

歌剧，让他热血沸腾，场场不落地听。但最让他震撼的，还要数女演员哈丽特·史密孙的歌剧。在柏辽兹25岁时，英国有一个剧团来到巴黎演出莎士比亚的戏剧。剧中扮演奥菲利亚的史密孙一下子就抓住了他的心。她是英国莎士比亚剧团旗下的女明星，在欧洲巡演。当巡演到巴黎奥德翁剧院时她一举成名，大受欢迎。在《哈姆雷特》中扮演奥菲利亚；在《奥赛罗》中扮演德斯罗娜，最著名的角色是朱丽叶。

"哦，罗密欧，罗密欧啊！为何你偏偏是罗密欧？否认你的父亲，抛弃姓名吧。也许你不愿意这样做。那么只要你宣誓做我的爱人。我再也不姓凯普莱特了。姓名有何意义呢？玫瑰花换了名字一样芬芳。"

从那时起，柏辽兹就不可救药地迷上了她。从此他一心一意想吸引她的注意力。她坐马车出去，他就跟着她："请让我做你的奴隶吧！""对不起，奴隶制已经废除掉了！"一次次地，柏辽兹被拒绝着，他因此而混混沌沌地活着。他为爱情所驱，在巴黎的街道和郊野中徘徊。有时在郊野中，有时在河畔，最后进到咖啡店里，把疲劳的身体伏在桌子上。看他那副鬼样子，店里的伙计甚至认为他已经死了，不敢碰他的身体，让他这样伏了五六个钟头。他的朋友们说，他有时甚至就睡在田野的草地上，他们找不到他了就去田野里寻，然后扶他回家。

就这样过了好几个月，有一天，他突然醒悟了。与其这样沉迷下去，何不做一件令人震撼的事情来吸引史密孙小姐呢？他把自己全部的作品整理好，开了一个大音乐会。他留了一个包厢给史密孙，可是直到演出结束，那包厢依旧是空空的。悲伤的柏辽兹用音乐倾诉自己的感情，创作了《幻想交响曲》。

这件事过去后不久，柏辽兹得了"罗马奖"，去意大利留学。两年后，回到巴黎，将《幻想交响曲》公之于众。那天正巧史密孙也在听众之中，当她听说这部曲子的主角是自己时，非常感动。轰轰烈烈的交响曲代表柏辽兹的心，终于打动了史密孙。1833年的夏天，两个人结了婚。

令人失望的大奖

当时的音乐院的试验委员惯于在钢琴上检查管弦乐曲。柏辽兹
对于这办法曾激烈地攻击。他是怀抱新思想而生于旧环境中的作曲
家。故其一生极多愤慨。他的自序传中曾有这样的记录：

"他们只晓得倾听钢琴，对于管弦乐作曲，如何可以用这样的
方法来批评？对于陈腐的旧音乐，固不妨用用这办法；但要晓得现
代的新音乐，是单独一口钢琴所决不能演奏的。"

——摘自丰子恺《近世西洋十大音乐家故事》·柏辽兹

柏辽兹成功的弥撒曲，让他顺利地进入了巴黎音乐学院。他被安排在安
东尼·莱夏的班里学习补对位和赋格这两门课。这位老师做事循规蹈矩、按
部就班，柏辽兹总觉得收获不大。他想到快班去，直接插入勒絮厄尔的作曲
班。可传统的巴黎音乐学院怎么会同意呢？柏辽兹自有办法，只要拿到法兰
西艺术学院的罗马大奖，就没人敢认为他不能进作曲班了。

罗马大奖对作曲家来说，就相当于奥运会运动员们向往的金牌一样梦寐

以求。这个音乐作曲竞赛包括两个系列的考试。第一关，考生要先创作一首赋格曲，来证明自己掌握器乐声部的能力。这一关通过，便进入第二关。届时，将为每个考生提供一间狭小的房间，去闭门思过三个星期，写一部由一到两个声乐部分构成的"严肃的抒情场面"。获得一等奖的考生将从得奖之日起，会得到连续五年的高额的奖学金，去意大利留学，并得到可以自己开办音乐会、可以免费听音乐会的特权。如此诱人的条件吸引着无数的学生来应试。1827年，柏辽兹第二次来参赛的时候，终于进入了第二关，入围罗马大奖评选。

他的谱子在评审员手里传来传去，被反复仔细阅读着，他们当中有画家、雕塑家、奖牌设计家，还有音乐家。那的确是质量上乘的作品，八位评审员对此表示一致认可。可当谱子传到音乐试验员手里，却发生了变化。

"对不起，大师……您的曲子需要非常精巧的配器，只有钢琴伴奏是无法表达的。"

钢琴试奏员演奏着柏辽兹的作品——《被女祭司撕碎的俄耳甫斯》，总是出错，停了一下，然后接着弹下去，错了……再弹，再错……最终钢琴师受不了了，生气地转过去，说：

"这音乐是没法演奏的！"

柏辽兹其实并不会弹钢琴，他只是六弦琴和银笛的优秀演奏者。所以，他创作出来的作品是优秀的管弦乐，而不是钢琴曲。可那时音乐竞赛的试验员是用钢琴来检验作品的。把柏辽兹的管弦乐曲用钢琴来检验，又怎么能看出作品的真实水平呢？这样，他的俄耳甫斯被无情地"枪毙"掉了。

那个夏天真是悲伤。作品刚被否决，柏辽兹就病了。他病得很重，差点死于霍乱。他在自己的回忆录里记述着：

"在一个孤苦伶仃的夜晚，我的疼痛达到了极点。若不是我猛地将小刀插入到我喉咙的深处，刺穿了那里的一个令我窒息的囊肿，我早已死在了那个夜晚。"

这竞赛并不公平。音乐试验员平庸，评审员势利。不过柏辽兹不想放弃，他到剧院里听莎翁剧，史密孙的歌声让他震撼。他说，我虽不懂英语，可我懂莎士比亚。第二年，老师勒絮厄尔替他交了应试费，柏辽兹再一次参加了比赛。这次，他的《厄尔米尼》顺利地夺得了罗马次奖。可笑的是，他能获得二等奖，全是画家和雕刻家的功劳，因为音乐系并没有人给他投票。到了第三年，他接着参加作曲大赛。介于前几次的失败，柏辽兹这次很认真地做了准备。他的康塔塔《克里奥佩特拉》非常精彩，还把莎士比亚的诗句作为卷首语写在了作品上。可是那年却发生了戏剧性的一幕，评审团选择让这一年的罗马大奖空缺。柏辽兹再次落选了。柏辽兹终于懂了，面对这样一个庸俗的竞赛，其实需要的只是庸俗的作品。1830年，他那毫无新意的康塔塔《萨达纳帕鲁斯》终于获得了罗马大奖。这真是既悲伤又快乐的一刻：

"于是，由于一部我在那之后烧毁的作品，这两个评委员最终授予了我一等奖。而在以前的竞赛当中，我竟然一无所获，使我感到一种强烈的失望。甚至当普拉迪埃这个雕塑家，在走出学院会议厅来到图书馆，找到我，紧紧握住我的手，激动地说：'您得到了大奖'之时，我都几乎没有感到任何快乐。看到他是如此喜悦而我是如此冷漠，人们或许会说我才是院士先生，他则是拿了桂冠的胜利者。"

愤怒的失恋泪水

现在，要退回到他结婚以前，略叙他意大利留学时期中的奇怪生活。

……

柏辽兹一生中，以意大利留学时代的生活最为浪漫。他在罗马的时候也不甚用功。他常常弹着六弦琴，在街头步行。他曾在南国的暖日下尽量地行乐。

——摘自丰子恺《近世西洋十大音乐家故事》·柏辽兹

　　"……罗马奖学金是一种全国性的竞赛。它的规则，人们可以在被称为音乐学院、美术学院之类的地方了解到。经过严格的训练之后的各项比赛一年举行一次。赛后，得奖者就开始了寄宿生活：不同国籍的人杂居在同一幢公寓中，既像一所自由学院，又像一个世俗的、义务兵役制的兵营……"

　　这是罗马奖学金的一位得奖者说的话。在柏辽兹获得罗马奖学金后，便被送到意大利的"获奖者寄宿学院"去了。每一位获奖者都会拥有一张画像，被挂在这小别墅的饭厅里。一幅幅密密麻麻的，直挂到天花板上。

　　现在，我们的故事重新回到他结婚以前。柏辽兹追求史密孙，屡次被拒。心灰意冷的他在巴黎有了新的恋人——卡米尔·摩克。卡米尔是一个年仅19岁的钢琴玉女，漂亮优雅，深受很多社交男士的喜爱，柏辽兹便是其中一个。那玉女的母亲世俗得很，看到柏辽兹获得了罗马奖学金，便打起了小算盘。"若是想娶我女儿的话，先去留学吧。"柏辽兹如此便去了意大利。

　　他一路上磨磨蹭蹭，拖延了一段时间，乘船抵达了佛罗伦萨。各项罗马大奖的获得者被安放在美第奇别墅的法兰西学院里。它坐落在品齐奥山上，可以俯瞰到全城的景色。22位领取奖学金的寄宿生各自从事五种艺术。他们将在那里过着衣食无忧、自由自在的日子。每年只要向巴黎研究院交一张画，或一张照片，一个奖章，一份乐谱就可以了。其余时间完全自己支配。柏辽兹在那里还遇到了让他倾倒的门德尔松，一位比柏辽兹小6岁的德国作曲家。他们一起在旷野中骑马溜达，在山中散步，在小酒店参加舞会。优美的景色和美丽的姑娘，那里的生活真是让人愉悦。

　　可是，卡米尔的信呢？从柏辽兹来到罗马以后，卡米尔一点音讯都没有。她是不是忘记自己了呢？终于有一天，他收到了一封信，让他又气愤又委屈。摩克夫人在信里称：她的女儿已经和家富万贯的钢琴制造商普莱埃尔结婚了。性格激烈的柏辽兹，他的反应自然是这样的：

　　"我的眼中流出两滴愤怒的泪水。我马上知道自己该怎么做：立刻去巴黎，杀了那两个该死的女人和那个该死的男人！"

　　"先杀了她们，然后再自杀怎么样？"夹着手枪，他乘上了赴法兰西的马车中，在朝向法国的高尔尼什公路上疾驰。在高出海面两千多米的悬崖峭壁之中，大海与阿尔卑斯山麓相接。到了这里，他的心慢慢地平静了下来。对音乐、对艺术的热爱不停地向他许下一个个温柔的承诺，渐渐地征服了他对失恋的愤怒。终于，他的心全部翻悔，在马车停下的地方下了车。他在那里好好地调养了身体，或赴海水浴，或散步于橘林中，或享受乐丘上的暖日，游玩了一个月。序曲《李尔王》便是在那时作成的。

意大利从此成了柏辽兹的伤心地，带着朋友们送给他的"盘缠"和他在那里创作的曲子，他于1832年年底回到了巴黎。

两万法郎的赞赏

对于柏辽兹热情而浪漫的作风，大家视为异端。有一位教授曾对柏辽兹说：

"我对于贝多芬还不能理解；而你的乐派比贝多芬的还新！"

实际，柏辽兹一生的抱负，正是要从贝多芬的结果上更跨出一步。

——摘自丰子恺《近世西洋十大音乐家故事》·柏辽兹

故事再次回到柏辽兹和史密孙结婚后。从1832到1842年，这10年既是柏辽兹的创作累累硕果的时期，也是他生活极其贫困的时期。那时的史密孙和柏辽兹初次相遇时不同，她所在的巴黎英国剧院破了产，又摔伤了腿，艺术生涯已经走到了尽头。带着14000法郎的债务，两个人结了婚，经济上过得十分拮据，有了儿子路易后，负担更加沉重了。

与此同时，柏辽兹一直积极地开办音乐会。他的《幻想交响曲》取得了巨大的成功。那时在巴黎，人们都崇尚看歌剧，于是柏辽兹一直在努力使自己成为一名成功的歌剧作曲家。他给很多歌剧谱曲，可没有一部被采用。剧院经理们总是拒绝他，因为他的曲风与通俗的不同，是管弦乐式交响曲。他一次次地被拒绝，1826年为《秘密法庭的法官》谱曲，脚本被拒绝；《本韦努托·切里尼》的脚本开始时也被拒绝。巴黎歌剧院的经理并不理解他的音乐，他们把柏辽兹视为"一个先锋派人士"，"一个颠覆民族风情的破坏分子"。他心里压抑得很：

"巴黎所有的作家，从斯克里勃到雨果都向我提供歌剧的脚本。只是由于这帮愚蠢又无赖的领导的阻挠，使我无法把这件事继续干下去。"

"他们并不想真正地了解我。因此，为了不让一个疯子的音乐得逞，他们拒绝采用这个脚本。"

的确，因为他的音乐很新颖，是按新的思路创作的交响曲，所以总是不为认同常规的人们认可。这从他与帕格尼尼的故事中就能看出来。帕格尼尼是一个传神的小提琴手，据说，1832年柏辽兹的《幻想交响曲》在巴黎演出时，帕格尼尼路过听到，对其非常欣赏。恰好那时他得了一把精致的中提琴，想让柏辽兹为他的中提琴作一首曲子。等到柏辽兹的乐曲完成后，帕格尼尼对其中中提琴独奏的部分并不满意。"帕格尼尼想着这部作品时，柏辽兹的第一乐章还没写完。当帕格尼尼的目光落到快板乐章中中提琴独奏声部休止符时，他喊了起来：'让我沉默这么久，这可不行！我得不停地演奏。'"可柏辽兹可不这么觉得，他认为不能把中提琴放在突出的位置，"我要为管弦乐队写出一系列的场景，让中提琴独奏在其中多少扮演一个积极的角色，并保持它固有的特色。"

柏辽兹作为作曲家的声望越来越高，生活却很贫困。他的歌剧脚本一直不被剧院认可，自己开办音乐会成本太高，收入微薄。他给妹妹的信中，沮丧地写道：

"还没人敢接二连三上演同一部交响曲，我却这样做了。这次尝试从听众腰包掏走了13000法郎，而演出支出的费用达12000法郎。你瞧，还能给我剩下多少呢……真太可怜啦，你说是不是？"

为了养家，他不得不去当评论家。

"为了挣得一天的面包，我像黑奴似的，为四家报纸拼命工作。"

　　"这种情况实在糟糕透啦，报社给我的报酬还不到我举办一次音乐会所得的四分之一或六分之一。倘若我能有时间多创作乐曲该多好，可一点时间也没有。"

　　虽然柏辽兹忙于校对、写稿，没有时间创作，他的音乐也不太符合当时法国人的胃口，但这都不能掩盖住他的音乐才华。好几次成功的公演便证明了这件事。几年前帕格尼尼委托他作的曲子，他在1838年将其在巴黎公演。这部作品就是《哈罗尔德在意大利》。当帕格尼尼在音乐会再次听到柏辽兹亲自指挥的这部乐曲时，他才真正听懂柏辽兹的音乐。音乐会结束后，帕格尼尼走上舞台，不管柏辽兹的劝阻，跪下来吻他的手。两天后，柏辽兹收到了帕格尼尼附着两万法郎的信。信上说，

　　"贝多芬去世了，唯有柏辽兹能使他复活。我领略了您非凡的、能称得上是天才的作品。恳请您接受我赠送的礼物两万法郎。"

　　柏辽兹不断地坚持，终于让人们读懂了他的音乐，哪怕只是一部分人。他的音乐是有含意的，赋予每件乐器以灵魂，给每个音符一个表达，给每个乐句一个确定的含意，延承贝多芬的理念，让音乐完整地体现了出来。

我不会拉小提琴

　　柏辽兹的全生涯的活动，限于管弦乐上。论到技术，其实他只是六弦琴与银笛的优秀演奏者。除了这两种乐器以外，他对于别的乐器全无实际的手腕。试看他的歌曲，其钢琴伴奏的部分也幼稚得很。钢琴曲他当然不作，然而他的不精通钢琴，对于他的作曲事业上并没有妨碍。

　　——摘自丰子恺《近世西洋十大音乐家故事》·柏辽兹

　　巴黎对柏辽兹并不友善。他一直都想征服这座城市，可换来的却是对他

的误解。巴黎的人们喜爱大型歌剧和轻松娱乐性质的喜剧，柏辽兹作为戏剧交响乐作家从一开始就没有地位。尽管他取得成就，也得到正式的认可，但依然被巴黎孤立了出来。为了使自己的作品被接受，他被迫"转战"国外。从1842年起，已近40的他开始做演奏旅行，遍游德、法各地。他在莱比锡会见门德尔松，畅谈法兰西学院的旧事；又在德勒斯登与将要露头角的瓦格纳相见，之后经过柏林回到巴黎。1844年，他在巴黎工业展会中指挥千人以上组成的大音乐会。意大利、奥地利、波希米亚、匈牙利、俄罗斯、普鲁士、英吉利，当音乐奏响在多个国家后，柏辽兹于1848年返回国。

国外的人民与巴黎人民欣赏音乐的口味不同，他们赞赏柏辽兹的音乐。柏辽兹是那里的香饽饽。他坐邮车去柏林，邮差是他的音乐迷，一路上又吹口哨又哼旋律，弄得柏辽兹好不讨厌。他在国外所受的待遇，是在巴黎所不能比的。虽然有时他要和一些二流、三流的演员合作，但观众是那么的热情，给他留下非常美好的回忆。只是，柏辽兹总是被"误会"。

在很多人心中，所谓音乐家就是能够演奏某种乐器的人，他们弹钢琴、拉小提琴，感悟音乐，然后再像做奶油蛋糕一样把它从原料做成成品。而"作曲家"这个概念对他们来说，是和音乐家相等同的概念。于是，柏辽兹就这样被"冤枉"了：

"一天，在布雷斯劳，我差点被一位好父亲所侮辱。他非要强人所难，让我给他的儿子上课，教他小提琴。我向他解释了半天也毫无作用。我极力辩解说，如果我要是会拉小提琴这种乐器的话，那一定是出现了一个极大的偶然；因为在我一生中，从未碰过琴弓。而他认为我是在说谎，而且以为我是在极力地蒙骗他。

'先生，我刚刚看过您的通告。您后天要在大学的大厅里举办一场音乐会。因此……'

'是的，先生，我是要举办一场音乐会，但我不是拉小提琴的。'

'那您是干什么的？'

'我是让小提琴演奏的人。我指挥乐队。那么您明天来参加我的音乐会

吧，您将会看到一切的。'

直到第二天，这位老先生还是怒气冲冲的。他直到离开音乐厅，在经过了思考以后，才明白了这样一个道理：一个音乐家也可以不作为一名演员而产生出来。"

柏辽兹不会拉小提琴，也不太会钢琴，但这并不影响他作曲。他创作了很多优秀的管弦乐。以前的管弦乐，是从钢琴曲里翻编过来的，色彩并不够丰富。他不会钢琴，恰好弥补了这一缺陷，开发了管弦乐团丰富的表现力。他创作的乐曲，浪漫而富有激情，打破了18世纪音乐的传统模式，堪称音乐艺坛浪漫运动的代表者。

回眸坎坷的一生

然而他的浪漫的生涯决不会从此平静。此后风波不绝地起伏。夫妇反目，离婚，丧妻，再娶，又丧妻，失子……最后在巴黎结束他潦倒的一生。

——摘自丰子恺《近世西洋十大音乐家故事》·柏辽兹

柏辽兹与史密孙的婚姻只持续了10年。贫苦的婚姻让从辉煌舞台走下来的史密孙总是抱怨不已。厌倦了史密孙的柏辽兹有了婚外情，与小他9岁的歌唱演员玛丽·雷西奥同居。没过多久，终与史密孙离了婚。玛丽并非一个老实的女子，她和柏辽兹一同出国出演音乐会，给他带来了很多烦恼。柏辽兹认为她的声音就像"一只踩了尾巴的猫"，但玛丽却非要在音乐会歌唱。曾经的卡米尔也为他带来伤痛，似乎爱情根本不愿眷顾他。罗曼·罗兰怜爱他，在为他写的传记上抗诉：

"作为一个'人'，柏辽兹天真地爱过，真诚地爱过；也许他被人虚假地爱过，或者甚至被真诚地爱过。他一见到扮演朱丽叶的那个女演员，立刻

就着了迷——他爱的是朱丽叶还是扮演朱丽叶的女演员呢？"

……

他结婚，他离婚，他又结婚，但他始终得不到幸福。

柏辽兹早年丧母，中年丧父。没过几年，爱妻史密孙也去世。后来，他和玛丽·雷西奥结婚，又遭遇了一遍丧妻之痛。

巴黎不喜欢他，跟他同行的音乐家们也不喜欢他。他的管弦乐在巴黎的每个角落都被质疑。1850年他创作《逃往埃及》，声称那部作品是他从巴黎正在修缮的圣夏皮尔大教堂发现的一份古代手稿，是从古代记谱法的手稿整理成现在的作品。两年后，柏辽兹却又出面澄清这是个谎言，根本没有什么古代手稿。他这样做，只是因为巴黎不认可他，只能靠打着别人的旗号来得到应有的尊重。

而他在音乐界欣赏的那几个友伴呢？或者至少他自认为是友伴的那些人呢？他们也不喜欢他。比如门德尔松，那个他自认为是他的"良友"的门德尔松，其实是瞧不起他的，并且从来都没认可过他的才能。

"我坚信他是我们时代最具音乐天赋的人之一。"

"他不同凡响，出类拔萃，才能出众。"

柏辽兹却对他赞美不已。换回来的却是门德尔松很反感他那"装腔作势"的性格。

"我忍受不了他那种外露的热情，在女人面前那副装出无奈的模样，也不喜欢他讲起话来就卖弄才学、自以为是、目空一切的样子。"

除此以外，他更厌恶他的音乐，在他看来那是种恐怖的东西。

"他的配器如此乱七八糟，令人吃惊的混杂，如此不讲章法。一旦把乐谱交到你手中，事后就得去洗洗手……"

门德尔松不要他，两位太太也不要他，最后，他唯一的儿子路易也离开了他。"我抱着他，毛茸茸的小脑袋靠在我胸口，甜美地睡着。"小时候的路易的样子一直在他脑子里飘来飘去。路易充当商船的船长，死在一次航行中。痛彻心扉的柏辽兹将自己藏起来，常常避居在室内，整日郁郁寡欢，没过两年，也离开了人世。

在路易还在时，他母亲史密孙去世，柏辽兹写信给他报告这一噩耗，没有任何华丽的辞藻做修饰，却处处充满温馨。

"可怜、可爱的路易！你知道吗：我独自一人在你母亲所遗留下的寝室隔壁的房间中写这封信。我刚才从墓地上回来。我在你母亲的墓上加了两个花束。一个是为你加的，一个是为我自己加的。工役现在还留在这里，正在整理要卖却的物件。我为你打算，想尽量多换些现金。你母亲的发，我保存在这里。"

"昨天我和亚利克西斯讲了种种关于你的事。我满望你做一个通达理性的男子。"

"以前我实在无暇顾及你；但以后要多留意于你了。为了节止你的浪费，我不得不用种种的警戒。亚利克西斯也赞成我这主张。"

"我现在一个钱也没有了。至少要继续六个月的贫困。医生的诊金是必须送去的。卖物件所得的钱，真是微少得很。……"

柏辽兹在信中嘱咐着儿子，却没想到他居然也先自己而去了。他晚年最大的成就《特洛伊人》因为种种原因不能上演，没有合适的演员，巴黎音乐界的排挤，还有瓦格纳和他的竞争。直到他去世后很多年，才被人们拿出来，视若珍宝。可最后，巴黎还是没要他，《特洛伊人》在德国上演。他带着遗憾，在1869年离开了世界。

生前，他的音乐经常被批判。人们认为它既嘈杂又混乱，感情泛滥。而在今日看来，柏辽兹实际上创造了新的配器乐，开拓了光辉的未来。

肖 邦

（1810年3月1日—1849年10月17日）

祖国，我永远忠于你，为你献身，用我的琴声永远为你唱歌和战斗。

　　弗里德里克·弗朗索瓦·肖邦（F. F. Chopin），波兰作曲家、钢琴家。肖邦从小就表现出非凡的艺术天赋，6岁开始学习音乐，7岁时就创作了波兰舞曲，8岁登台演出，不足20岁已出名。他是历史上最具影响力和最受欢迎的钢琴作曲家之一，一生创作的大多是钢琴曲，被誉为"钢琴诗人"。

楼上传来钢琴声

　　肖邦的诞生年有两说，一说是千八百○九年，一说是千八百十年。其诞生日也有二说，即二月二十二日与三月一日。普通认定千八百十年二月二十二日为正。他的父亲尼古拉斯，是波兰血统的法兰西人，在华沙附近村中某伯爵家为法兰西语教师的时候，与一贫乏贵族家的女儿恋爱，结婚。生下四个儿女，长女、次女以后的三男，就是这钢琴诗人——肖邦。

——摘自丰子恺《近世西洋十大音乐家故事》·肖邦

　　波兰的首都华沙，有几所名校，华沙中学便是其一。那儿有位严厉的老师，名叫尼古拉斯·肖邦，全校的学生都怕他。若是走廊上传来"咯噔咯噔"的响声，你可要低头好好看书了，因为这是尼古拉斯老师特有的走路声。

　　这位老师教大家法语和法国文学。他课讲得好，学生们都很认真地听。若是被他发现开了小差，必定会一通狂批。他会拿着戒尺打你的手心，让整个楼道的人都知道你在办公室被他训。不过，他确实是一个负责任的好老师，这些年来，没少为学生们付出。花白的头发、满脸的细纹，便是证明。

　　尼古拉斯老师原本是一个法国人，因为躲避战乱而来到了波兰。他在这里结婚生子，1811年来到华沙，做了这里的老师。因为不是地道的波兰人，他的波兰话说得很烂，经常出笑话，"'情'大家打开书本第22页。"瞧瞧，他又说错了。但这位老师并不气馁，一直将自己当成是地道的波兰人，也不顾自己的法国姓名和出身。

　　他有两个怪癖。一是喜欢吸鼻烟，吸了就打出大大的喷嚏来，声音又大又刺耳。每当上课时发生这种事，教室里就会闪过一阵哄笑声。"咳……咳……，不就是个喷嚏吗，笑什么笑。"

而另一个怪癖就更传奇了。不管是在大家上得正热烈的课上，还是有同学严肃地回答问题时，这老师会突然转变，把手放在嘴上，让大家全部都静下来。然后快速走到窗前，专心地聆听着什么。这是要做什么呢？教室的学生全都竖着耳朵听。原来，从学校旁边家属楼传来了钢琴声。那是尼古拉斯老师小儿子的钢琴声，小肖邦的琴声。

　　在华沙中学，谁都知道，尼古拉斯老师有个小儿子，他的琴声美得可以让树上的鸟儿忘记孵蛋，让蚂蚁忘记搬运食物。三楼的窗子里传来美妙的琴声，让尼古拉斯和学生们都忘记了上课。也难怪大家一直把他当成偶像一般，崇拜不已。有时碰到他出来玩耍，孩子们便三三两两地跟在他后面，瞪着双好奇的大眼睛，兴奋地咬着手指头。

　　"是肖邦！哇哇哇！"叽叽喳喳的声音在后面滚来滚去。

　　……

　　这便是弗里德里克·弗朗索瓦·肖邦，华沙中学法语老师尼古拉斯·肖邦唯一的小儿子。蓝色的瞳，白而长的脸，高高的鼻，清朗的声音，小巧的身材，细弱的手足。小肖邦温文尔雅像个小姑娘，加上天赋迥然的音乐才华，学生们都很喜欢他。而他呢，也不摆架子，是学生们的小玩伴。他会把腰带解下来，张着嘴巴，和大家一起在草场上追跑。或者和高年级的同学玩"比比像"的游戏，模仿校长、小贩和吉卜赛人的样子。看他扭着小屁股扮生意人，在街上跑来跑去演补锅匠，大家被他逗得哈哈大笑。他童年在家的生活幸福快乐，爸爸妈妈姐姐妹妹，每一个都很爱他。

波兰的小神童

> 肖邦的天赋的音乐才能，立刻被他父亲看出。他送他到一位波希米亚的先生那里学钢琴。肖邦进步非常快速，八岁即在公众前奏演，有不亚于神童莫扎特的天才。
>
> ——摘自丰子恺《近世西洋十大音乐家故事》·肖邦

肖邦很小的时候，就显现出非凡的音乐天分。小时候学走路，摔倒在台阶上，听到钢琴曲，便停下嘤嘤的哭声。带他出去玩，遇到有弹奏音乐的门店，就会停下来，差点没把他弄丢。母亲嘉斯蒂娜教他钢琴，和姐姐路德维卡一同学习。刚过6岁，他便已能弹得一手好琴了。

面对如此聪慧又颇有音乐才华的小儿子，爸爸妈妈将他视若珍宝，他们给他请了一位音乐家教，"小老头"瑞夫尼老师。这位老师风趣幽默，总是带着一副大大的眼镜，披着一块儿大大的红手帕。他戴假发，吸鼻烟，说话还带着浓重的捷克音。当他第一次看到6岁的小肖邦时，便蹲下身子，将他抱了起来。肖邦也不客气，一把抓下他的大眼镜，逗得老头哈哈大笑。"以后要好好跟着老师学习呢！"妈妈说。

这师徒二人一直相处得很愉快，就像祖孙二人。瑞夫尼老师把他抱上钢琴椅，把他的小手垫在自己的手背上教他弹容易错的音符。而淘气的小肖邦则经常趁着老师在他家午睡的时候，偷走他的假发套。"呜啦呜啦，变成大秃子啦！"每次小肖邦打开琴盖的时候，"小老头"看着琴键上自己的假发，总是哭笑不得。

虽然平时他们师生二人总是打打闹闹，不成规矩。但只要一上课，瑞夫尼老师就变得很严肃了。肖邦的小手像小耗子一般灵活地在键盘上跑来跑去，老老实实地撅着屁股在钢琴上弹着。瑞夫尼老师非常注重基本功，总是让小肖邦一遍一遍地练习巴赫的《十二平均律》，这给他打下了非常坚实的基础。

一年过去了，小肖邦取得了第一个小成就，他创作了一首波罗乃兹舞曲。瑞夫尼老师把他的作品送去发表。看着印成铅字的作品，小肖邦心里别提多美啦。据说，当年在华沙，这谱子刚一上市，几个星期就销售一空。尼古拉斯的几个好朋友来他家，看到那出版的谱子，都震惊不已。

"了不起呀！还这么小！"埃思内尔夫妇啧啧赞美着。

"神童！神童！我们波兰的莫扎特！"钢琴家维尔菲尔也激动地说。

"好好培养，一定错不了的！"雅伍雷克先生郑重地望了眼尼古拉斯。

……

"应该去音乐会好好地展现一下！"最终，几个人得出了一个共同的结论。

华沙是个繁华的大城市。那时，很多家庭都会在周末举办音乐晚会，当作消遣。有时，还会举行各式各样的音乐会。有名望的外国音乐家来这里演出，总是座无虚席。华沙政府也常举办各种公益音乐会，欢迎广大市民来参与。1818年2月24日，华沙慈善学会便举办了这样一场音乐会，小肖邦的父亲给他报了名。

华沙城里的各位政府要员坐在下面，喜欢挑毛病的艺术评论家坐在后面算着分。刚刚有一个声音嘹亮的男高音唱完《我的月亮》，又来了一个女高音"啊"了半天。大家都听得有点累了。

"接下来要为大家演奏的，是本场最小的年仅8岁的弗里德里克·弗朗索瓦·肖邦，华沙中学尼古拉斯·肖邦教授的儿子，1817年最畅销乐谱的获得者！"

"两个高音走了，又来个小破孩。唉……"评论家撇了撇嘴巴。

"就是的，看这个小孩表演还不如去动物园看猴子呢！看看，刚才那个10岁的孩子弹一半忘了谱呢！"

可是台上的小肖邦才不顾那些大人的冷嘲热讽，弹下了第一个音符。他今天穿的是妈妈新织的毛衣，他心里美着，手下的曲子更美。滴滴答答像流水声，欢快地流着。全场哗然，太美了，太美了，市长也鼓起掌来。"你真棒！"瑞夫尼老师站在后面赞美。一曲终止，剧院里掌声响起，有如雷动。现在，他不是小猴子了，是小神童！波兰的小神童！

寻找波兰的声音

　　少年时代就喜欢幽静。常把休假日全部消耗在幽闭的乡村中。又常常加入朴素的波兰农民的民谣及舞蹈队。他后来是国民音乐的代表者，实由于幼时就接近野趣的原故。

　　……

　　这时候他住在华沙，每逢休假日，必遨游于附近的乡村田野中。那地方有完全波兰式的农民生活，肖邦很喜欢接近这种质朴的风物。播种、收获之时，农民舞蹈，唱民谣，肖邦也参加他们的团体。这种幼时的印象，深刻地记在他的脑中。所以他虽然后来离去波兰而客居外国，但仍不失为波兰民族音乐的代表者。

　　　　　　　　　　——摘自丰子恺《近世西洋十大音乐家故事》·肖邦

　　华沙慈善协会的表演，让小肖邦在华沙城一下子出了名。这个帅气的"钢琴小王子"一下子就抓住了华沙各位伯爵夫人的心，他被邀请去各家表演。今天柴特韦尔廷斯基公爵夫人，明天莫赫雷海姆男爵夫人，天天都有豪华的马车在家门口接他。他是华沙中学学生们的偶像。

　　在弹奏钢琴的世界里，小肖邦一天天地长大。他是华沙有名的"小艺术家"。9岁在君士坦丁大公面前演奏军队进行曲；10岁给欧洲著名歌唱家卡德琳娜夫人伴奏；11岁为老师瑞夫尼写曲子；12岁有了新老师埃尔思内——华沙音乐学院院长、著名作曲家；13岁再次参加慈善音乐会，轰动全场。

"我爱我的家乡，波兰！"小肖邦在心里默念。他父亲确实不是波兰人，但却把血管里每一股热情的血液都给了波兰，而小肖邦则传承了这一点。肖邦从小在父亲的寄宿学校里旁听，如今也到了该上学的年纪了。在父亲这位专业教师的指导下，他顺利地考上了波兰名校——华沙中学。穿着那套墨绿色的制服，他坐在教室里听波兰历史和文学。而放学后呢，他就在弹琴。遇上节假日，则会出个远门，在华沙边上的乡间田野遨游。

波兰是一个如童话般美丽的国家，自然风光多姿多彩。特别是乡村，花香遍野，如沐春风。在华沙这个"绿色之都"，每逢有休假日，肖邦总是要到周围的乡村去游玩。学校里的同学，有的家住在华沙附近的乡村，约他去乡下的家里玩，总是他快乐的日子。他14岁那年，几乎整个暑假都是在同学米尼克·捷万诺夫斯基的家的庄园里度过的。

乡下的生活真是美妙。蟋蟀在静谧的夜里唱歌，"唧唧吱吱"地响个不停。辽阔的、绿油油的田野，在太阳的微笑下悄声密语。那里的空气、树木和泥土，每一样都让他沉醉。偶尔，还能听到在庄稼地里唱民歌的老爷爷和哼唧歌曲的小牧童。波兰的乡间，对肖邦来说，是一首特别的歌。他听见谷场上马的响鼻声，马车车轮的吱嘎声，还有农夫们劳作的号子声，心中便成了一首歌，"这是我们波兰的乡间协奏曲！"他对自己说，"天然的声音混在一起，多美呢！把它们写出来多好呢！"

为波兰写一首民族乐，一直是肖邦的梦想。只是，这些东西一直在他脑子里模模糊糊的，成不了概念。而14岁那次在米尼克家的旅行，终于实现了他这个梦想。

捷万诺夫斯基是当地最富有的庄园主，每年到了收获的时节，他家都会举办一个收获节舞会，把全村的人都召集过来。大家聚在一起，唱歌跳舞，举办篝火晚会。少男少女围着篝火，在乡村乐师的伴奏下，唱着他们的歌。"乡村的姑娘呦！"伴着波兰乡村舞曲，棉布裙金发姑娘们与小伙子手拉着手跳着马祖卡舞，三拍节奏一下强一下弱，旋律感很强烈，而到了每节拍末尾又轻盈地飘过去，像跳舞的姑娘们飞起来的裙角。

"2/3拍，恰恰！"

"3/3拍，恰恰恰！"

每一个节拍都震动着肖邦的心，好像有棵不听话的小树苗，使劲儿往上蹿。映着舞会中央的那团篝火，肖邦突然来了灵感。这舞拍是波兰的风格，马祖卡是波兰的音乐！"我找到波兰的音乐了！"他返回屋，回忆起刚才的感觉，写下了一首波兰味十足的钢琴曲，取名《马祖卡舞曲》。

"先生请听我的曲子吧。"暑假结束，他回到华沙的家，为老师埃尔思内演奏他暑假出游的成果。

第一遍，老师皱起了眉。"不……你不能这样……"

第二遍，老师的眼睛瞪了起来，似乎都不再眨了。"天哪！是谁教给你的！"

第三遍，老师"呼"地站了起来。"请让我为你鼓掌！"

这首充满波兰民间风格的钢琴曲震惊了埃尔思内，看着不到15岁的肖邦，他激动得声音都有点颤抖了。

"我亲爱的孩子，你的马祖卡，是另一个世界的。"

"我从来都没有听过这样的曲子，华沙、巴黎、维也纳都不曾有这样的音乐。"

"我无法对它做出判断，但我知道，它是精彩的！"

这是肖邦的第一首马祖卡舞曲，那时他年幼，觉得只是用音乐写出了波兰，但他或许不知道，很多年后，他会是波兰的骄傲，而这音乐也成了整个波兰的代表。

走自己的路

千八百二十七年，肖邦受华沙音乐院的试验，成绩不甚良好；
然他的父亲确信儿子的音乐才能，绝不因此失望。

——摘自丰子恺《近世西洋十大音乐家故事》·肖邦

尼古拉斯一直清楚一件事，就是他的小儿子肖邦和小女儿埃米尔卡身体都很差。为此，当肖邦刚从华沙中学毕业，他就带着孩子们到西利西亚的矿泉地度假去了。白天在溪谷里散步，晚上泡温泉。到了那年9月，随着肖邦即将入学华沙音乐学院，父亲又带着孩子们回来了。

华沙音乐学院是5年前新建立的音乐学校，实行3年制教学。两年音乐理论学习，一年作曲学习。它的音乐理论课开创当时音乐界的先河，将语法、修辞、美学等方面的写作课也融于其中。肖邦的钢琴家教埃思内尔先生是那里的校长。他从12岁起，就跟着这位老师学习了。

埃思内尔是一个既严厉又很有见解的老师。他深知肖邦具有不平凡的音乐才华，便很谨慎地指导这个学生，小心翼翼地维护他鲜明而独特的音乐才能，为这个孩子付出了很大的心血。当时，学校里很多教授都对肖邦不满，说他从不按要求写作业，谱子里到处飘着奇怪的音符。对肖邦这样喜欢自由、不受拘束的人来说，学校苛刻的作曲要求让他很难受，赋格曲、弥撒曲、室内乐，真是索然无味。可每次作业发下来，看着上面满是被红笔勾勒的痕迹，肖邦心里既伤心又委屈。"这个成绩让我怎么拿回家给爸爸看呢？"他去校长办公室，向埃思内尔院长请教。

"这些作曲的规纲要求都是前人总结出来的，你若是早活个几百年，或许用的就是你列出来的版式了。孩子，对于那些人的指手画脚，你不要管，你走的是新的道路啊！"

埃思内尔的关怀，让肖邦又有了信心，他很感激自己的老师。后来有位维也纳的记者采访他时，他这样赞美自己的老师："有了瑞夫尼和埃思内尔这样的大师的指导，即使是一头十足的笨驴也会有所收益的。"

埃思内尔对那些教授解释肖邦的特别，让他们尊重肖邦的创作："你们不要去干扰他。如果他选择了一条不同寻常的道路，那说明他有不寻常的才能。"那些教授对此唏嘘不已，在他们心里，肖邦不过是个有个大靠山的不学无术之徒。只有埃思内尔真正知道肖邦背后付出了多少努力。肖邦在一封信中描述学习和生活时说：

"每星期在埃思内尔那里用6个小时学习严格的对位法、听布罗津斯基（波兰通史教授）、本特科夫斯基（华沙大学美术系主任）的讲课以及其他与音乐有关的课程，晚上9点钟睡觉。这里的一切茶话会、晚会和舞会统统让它们见鬼去吧。"

他的时间安排得很紧凑，偶尔有空就去听音乐会，要不就去咖啡馆和朋友们聊天。胡梅尔精致典雅的音乐风格，还有学校旁的小孔咖啡馆，都是他的最爱。微风无数次吹过维斯瓦河，教堂的钟声一天天"咚咚"地响起，肖邦终于结束了他在华沙音乐学院的学习生涯，他对自己的未来充满信心，埃思内尔也高度赞扬他：

"三年级学生弗里德里克·肖邦具有特殊的天赋，是个音乐天才。"

装满泥土的银杯

波兰革命起义的时候，肖邦正在华沙。华沙音乐学院的学生大家来庆贺，群集在肖邦的室中，高呼，唱歌，赞颂这青年的波兰音乐家，又赠给他一只银杯，里面盛着波兰的泥土，以表示祝贺祖国之意。革命爆发的时候，肖邦已迁居维也纳了。

——摘自丰子恺《近世西洋十大音乐家故事》·肖邦

波兰是个不幸的民族，一共才1000多年的历史，却有200多年都处在战争之中。而肖邦所处的那个年代，则是被沙皇俄国统治的时期。大街上总有押送犯人的马车走过，他们会被送到欧洲监狱里，已经有成千上万的人死去。这些人并不是普通的犯人，而是那些想要谋杀沙皇、光复祖国的波兰爱国者。

当肖邦在华沙中学念书的时候，华沙就形成了很多个地下秘密组织。爱国的波兰人民想要反抗。这股斗争势力甚至还渗入了学校，肖邦听说自己的同学被宪兵抓走了，之后就再也没有回来。据说那同学参加了革命的秘密组织，被抓到监狱里受刑。

"他们是想要干掉亚历山大皇帝吗？"

"肯定是这样的！"

"就像布鲁图干掉恺撒一样？"

"是的。"

"他真了不起。"

......

学生们都在窃窃私语着。现在整个欧洲和世界，都在风雨动荡的时期。维斯瓦河岸边，每天都有人被宪兵拿枪指着，"砰砰"地打死在河里。不幸的事也一件接着一件：

华沙的爱国同志会被秘密集团暴露了；

自由波兰人同盟也暴露了。

广场上不断地传来枪毙革命青年的枪声，鲜血染红了波兰的土地。想用武力抗争的秘密组织被一个个地铲灭，华沙城里似乎安静了，但其实又诞生了新的组织：诗人、艺术家、哲学家、批评家聚在一起，用艺术、用语言，为民族战斗。他们在肖邦常去的小孔咖啡馆里聚会，讨论政事，华沙家喻户晓的莫里斯是那个团体的领导。当1827年秋天快要过去的时候，肖邦和他非常要好的一个朋友也成了那个组织里的一员。

每当小孔咖啡馆里坐满"自己人"的时候，莫里斯就开始他激情的演讲：

"……今天，当世界各国人民在最残酷的奴役下低声呻吟的时候，我们，虽不能公开地为政治自由和正义而战斗，但是，我们可以用艺术为心灵的自由而战斗！我们可以用我们的诗歌和音乐，来为那些饱受沉重的奴役和贫困的人们争取幸福的权利而战斗！"

这样的演讲，总是听得肖邦热血沸腾。他也要为受苦难的波兰人民作曲战斗。他的琴声不再是曾经那样如流水般温柔了，开始变得慷慨激昂了。尼古拉斯教授感受到了他的变化，既为自己的儿子感到骄傲，同时又充满担忧。他是个过来人，自然知道儿子在忙什么，在与什么人交往，因为他曾经也是这样的一个热血的革命者。但他不能让肖邦走这条路，因为革命会要了他的命！他亲眼见过，有多少青年人的鲜血，洒在街头！洒在宪兵们的大皮靴子下！

1829年，新上任的沙皇尼古拉来到华沙举行加冕典礼，他的到来也为华沙带来了帕格尼尼。肖邦像着了魔似的迷上了他。"此曲只应天上有"，帕格尼尼的音乐让他激动得喉咙哽咽，泪流满面，高额的票价也不影响他场场必到，听完最后一场，一直到深夜他还在街上徘徊。尼古拉斯知道怎么保护儿子了。摆脱这烦恼最好的办法就是：把他送出国。奥地利、意大利、法国都可以。

"我亲爱的儿子，那里有你崇拜的舒曼、莫扎特和帕格尼尼。"尼古拉斯连哄带骗地骗肖邦出去。"那里值得你鼓起勇气去奋斗一番！你也会像帕格尼尼那样，让欧洲还有音乐厅的听众都爱上你演奏的音乐。那里值得你去为艺术的荣誉而付出艰辛……"

肖邦舍不得出国，但父亲和朋友都劝他去。埃思内尔和莫里斯拉着他的手远别，给他一份特殊的礼物——一只装满了波兰泥土的银杯。他们为他唱起了波兰古老的远征歌：

祖国，

我永远忠诚于您，

随时为您献身。

我将用我的琴声，

为您战斗……

 # 用音乐战斗

他到了维也纳一星期后，听到波兰革命起事的消息。肖邦正在引领盼望以后的成功，不料再来的是革命失败，华沙被俄军占领的噩耗。这是千八百三十一年九月的事。

——摘自丰子恺《近世西洋十大音乐家故事》·肖邦

父亲尼古拉斯和莫里斯都在隐瞒肖邦一件事——华沙即将革命。波兰这个多难的国家，被列强国三次瓜分，其中多数领土都被俄国占领，在欧洲的国土上消失了100多年。波兰人民一直不忘亡国痛，终有一日要将国旗重新插在这片土地上。1830年，看到勇敢的法国人民爆发"七月革命"，推翻波旁王朝，波兰人民备受鼓舞，也想站起来起义。地下活动者悄悄地做着准备。

在肖邦出国前，华沙城里到处传着要革命要起义的谣言。只是肖邦，在父亲的庇护下，没有机会去深入了解这些事情。而莫里斯这个革命领导者，也站在他父亲这边。革命组织里的其他队员嘟哝着嘴说肖邦的坏话：

"在这个时候出国……是去学习还是去逃命？"

原本面无表情，正在看围攻华沙的各军团的莫里斯，会突然发起火来：

"你怎么啦？傻了还是怎么的？"莫里斯会面红耳赤，"把他拉进密谋圈子里来？往钢琴家的手上塞步枪？"然后大声斥责那些蔑视肖邦的人，"他的手握着的，应该是琴键！而不是板枪，那样无论对他，还是对波兰，都是好的！"

……

肖邦回头远望祖国，华沙的城楼闪耀着银辉。

"我会回来的，带着整个欧洲的荣耀，回来看你，波兰！"

终于在1830年的11月22日，他们的马车来到维也纳。豪华的街区里到处都是豪华的歌剧院、音乐厅和舞厅；大街小巷、公园、广场，甚至是街角，都有音乐演奏和流浪艺人的表演。维也纳是音乐的天堂！可还没等肖邦好好欣赏一下这个音乐之都，就被报纸上的一条头条新闻惊到了：

"波兰爆发了革命起义！"

"华沙起义了！"

"华沙觉醒了！"

肖邦的耳边时时掠过莫里斯的名字，他作为起义的领袖被人们传颂。原来是他们，他亲爱的朋友们。11月29日晚爆发起义，革命的青年军官们和学生们袭击了俄国驻波兰王国总司令的康斯坦丁·巴甫洛维奇的官邸。康斯坦丁仓皇逃命，华沙爱国的市民们帮助起义军，一同攻占了军火库，武装自己。第二天早晨，华沙解放！这片被列强占领了许久的土地，终于又重新属于波兰了。

看着报纸，肖邦的爱国情绪又被钩了出来。是的，他要回去！回到祖国波兰去，和华沙人民一起抗战！站在莫里斯和其他革命人士中，为波兰奉献自己的每一滴热血！退掉住房、办理护照、兑换外汇……肖邦做着一切和出国有关的准备。就差长途马车票了。

可是他没回成国，因为父亲的信。"我亲爱的儿子，"在马车到来前，父亲的信寄到维也纳。"你不要回来。听着，我命令你不许回来！"父亲的理由充足而有道理。"你回来能干什么呢？你那瘦弱的小身子连步枪都背不动，又怎么拉得动枪栓呢？你回来参军，那就是浪费国家军库里的子弹！"

父亲说得确实没错，可自己能做什么呢？他想起莫里斯在小孔咖啡店里说的话："……我们可以用诗歌和音乐，为心灵的自由而战斗！"是的，他可以用自己的音乐，自己的才华，投入另一种"战斗"！他的武器就是他的钢琴！"祖国！荣誉！自由！"这是他音乐的主旋律。

维也纳北风呼啸，寒风卷得大雪漫天飞舞。

肖邦的心却时时刻刻和祖国连在一起。他在冰冷的公寓里，谱写着一首首充满爱国激情和斗志的乐曲。他用琴声诉说自己对波兰的想念，也痛斥着对列强奴役、专制、黑暗势力的诅咒！

落叶飘飞，

树林已凋零，

波兰，我的祖国，

你的英雄儿女壮烈牺牲，

如果他们还健在，

一人一把泥土，握在手中，

也要让波兰强盛繁荣。

一首首波澜壮阔的乐曲，在他手下奏响，像一门门大炮射向列强。1831年那个秋天，华沙起义最终失败了，波兰再次沦为俄国的一个省。这让肖邦悲痛得像被子弹射穿了一般。丰子恺的记述，让人身临其境：

然而波兰革命终于失败，不久传到了华沙陷落的惨报。青年的肖邦得知了祖国革命失败的消息，心中顿起无限哀伤。有名的《C短调练习曲》，便是记录这时候的悲哀的，所以此曲又名为《革命练习曲》。在他的日记中这样记录着：

"我时时向着钢琴恸哭，绝望。神啊！请掀翻这片大地，吞灭十九世纪的人类！"

立足巴黎

后来肖邦终于收拾起对于祖国的悲运的哀情，而做了艺术之国的巴黎的人。

……

肖邦刚来到巴黎的时候，法兰西刚刚推翻专制君主，充溢着自由活泼的气象。文学、绘画和音乐，都正在受浪漫主义的洗礼的时代。这空气十分适合他的心情，他就决心在那里研究钢琴。

　　　　　　　——摘自丰子恺《近世西洋十大音乐家故事》·肖邦

华沙沦陷了，依然被俄国沙皇统治着。现在，肖邦若是回国，依然要和以前一样，入上俄国国籍。他才不要这样呢！宁可做一个没有国籍到处流浪的"波兰人"，也不要挂上那染了同胞们鲜血的"俄国籍"。而让肖邦愤慨的是，在舒适的、小市民的、忠君的维也纳人眼里，浴血奋战的波兰人民简直是不可理喻的怪物。是啊，他们是三大占领了波兰领土的君主国之一。在维也纳街角的酒店甚至挂着这样的牌子："上帝犯了一个严重的错误——他造就了波兰人。"

肖邦离开了那个不喜欢他的城市，寻找新的适合自己的国家。萨尔茨堡、慕尼黑、斯图加特，似乎都不那么满意。终于，当法国梧桐树叶落满香榭丽舍大街时，就好像是冥冥中注定的似的，肖邦在1831年的秋天决定留在欧洲名城巴黎，他父亲出生的祖国。

法国在1830年刚刚爆发了"七月革命"，推翻了复辟的波旁王朝，巴黎的空气里充满浪漫和自由。肖邦很快就适应了那里的生活，融入其中。他给朋友的信中，提及处到处都有自由的影子。

"巴黎就是你之所欲，你可以自娱自乐，可以烦恼和忧愁，也可以开怀大笑或者放声大哭，总之，做任何你想做的事情……"

这个自由的城市，渲染着从18世纪起就盛行的"洛可可"艺术，奢华、高雅无处不在，而这与肖邦本身的气质非常匹配。他穿着裁剪得体的、优雅的黑色晚礼服，在普莱耶尔音乐大厅，为巴黎带来了第一场音乐会。手指在琴键上奔驰、翻腾、跳跃。从他的琴声中，可以听到他心中流淌出的灵魂，像首诗歌，带你从一个世界走向另一个世界。虽然刚到巴黎的时候，他的名字对于多数巴黎人来说还很陌生，但这场音乐会后，巴黎人便开始为他倾倒。

那时的肖邦刚刚20出头，他文秀清俊、衣着考究、气质非凡。温和的笑容，有点俏皮；皮肤很细腻，好像是透明的。他说话音调很低，声音轻而柔。再加上高雅的、带着贵族气的举止，巴黎的听众一下子就被他迷倒了，特别是女性观众。

"脱帽吧，先生们！这里是一位天才！"舒曼在《大众音乐报》里这样推崇着。

他是巴黎的宠儿，上流社会的夫人小姐们都找他学习钢琴，以能成为他的学生为荣。当时巴黎有不少乐人，都出自他门下。能弹一首好钢琴，是那个年代一个出身良好的女子的标志。有了这些高学费的学生，肖邦在巴黎生活得很奢华。每次出行，都会穿上素雅的黑色或者白色的丝绒外套，脚蹬新颖别致的皮鞋，手上戴着雪白的羊皮手套。他坐马车，身边还有仆人陪着。

"我们巴黎的钢琴王子！"

"琴弹得这么好，人还这么帅！他衣服多讲究！比我爸爸还……"

"让他教我钢琴，花多少钱我都愿意！"

……

"小姐们都安静，到这里来排号……"

……

举止优雅的肖邦是当时巴黎最热门的钢琴老师。他温文尔雅、才华横溢、彬彬有礼又俊逸潇洒，年轻的女弟子们对他既仰慕又爱慕。他想收多少学生就有多少，价格定得多高都可以。即便他每节课收20法郎，每天上五个小时的课，周末全天休息，还有500法郎的收入。

当然，他也是一位好老师。他从不乱收学生，只收有音乐天赋的学生。在教学的时候，也极其耐心细致，讲解简单准确，学生们很快就能领悟。

"手要自然地垂在琴键上，而不是'生敲'。"

"要扎实地练习基本功，好好弹《钢琴练习曲集》里的一百首练习曲。"

"不是练习的时间越长就越好，每天弹三个小时就够了。"

......

名声还为他带来了出版商，铅字的作品发行到欧洲各地。现在，肖邦作为一名钢琴家、一名作曲家和一名音乐教师，在巴黎立足了脚跟。

肖邦"消失"了

在巴黎时肖邦的生活状况，李斯特曾经有详细的记录。据他说，肖邦喜欢在房间里关上窗子，点一盏灯，静静地在烛边弹钢琴。许多仰慕他的友人，群聚在窗外倾听。这等倾听者中，有诗人海涅、歌剧家梅亚贝尔、画家德拉克鲁瓦、文学家雨果、巴尔扎克、夏多博里昂等名人。

——摘自丰子恺《近世西洋十大音乐家故事》·肖邦

肖邦到巴黎有几年了，他已不再是刚来巴黎时那个害羞的小伙子了。他和巴黎上流社会的贵族、政治家们交往，充满异国情调的曲子总是博得满场掌声。现在他的事业，可以说是如日中天了。

巴黎的人们珍视他，崇拜他。大家都公认，他是欧洲最著名的音乐家，并且也是波兰灿烂的民族音乐的创造者和继承人。皇室、财团、贵族和艺术界的人们都以请他做宾客为荣，贵族小姐和伯爵夫人们，则经常坐在一起弹他的曲子。

他不再需要父亲给他寄钱了。不仅如此，他还会把巴黎的奢侈品寄给家人。高档的首饰、手工刺绣品、法国珍藏的红酒，等等。礼物虽小，但价格都不菲。看着一本本印刷好的乐谱，还有世界各地音乐报对他热情的赞扬，肖邦快乐地眯起了眼睛。他在巴黎的确过得很"成功"，是最豪华的宫殿的主人的宾上客，甚至有人私下传话说，肖邦是生活在巴黎的波兰人中挣钱最多的。他好骄傲，好满足，幸福的红晕时时出现在他的脸颊。

但是有一天发生了这样一件事，让他心里像突然扎了根刺一般疼。

　　那天，他上完课去拜访一位朋友。由于教课疲惫，他没能像往常那样诙谐幽默，有人便开玩笑说，肖邦是故意这样表现的。软软的沙发被他们坐出一道道印迹。

　　"我们的肖邦当然是故意表现成这个样子了。他是完美的，没有缺点的。"

　　肖邦本想解释，自己今天是因为疲劳才显得有点木讷的。看到他们这样说，心里面自然有点生气。

　　"不不，人无完人，肖邦可能确实缺少点什么。"角落里有个声音，怯生生地。

　　"哈！哈！哈！"在座的人听见他这么说，全都放声大笑起来。

　　"他会缺东西？！"

　　"哈哈哈！"

　　……

　　"他当然什么都不缺，就差把天上的星星给乐谱做夹子了！"有位漂亮的小姐露着晶莹的牙齿。

　　沙发把这些人包裹起来，越来越紧，他们笑得肚子直疼。在他们心里，肖邦什么都不缺，他有钱、有荣誉、有仰慕爱慕他的数不清的贵族小姐们。他既伟大又了不起，让人们都认为他是世界上最幸福的人。

　　但他自己却意识到一件事，就是他沉醉在成功的喜悦里，已经很久没有创作了。他记得，他刚到巴黎的时候，身边带来了满满一箱子在华沙创作的乐谱，还有一大包在维也纳完成的手稿。这些稿子放在巴黎的办公桌上，一年、两年、三年……到了现在还是在那里，他在巴黎所印刷出版的作品，只不过是以前作品的修订版。他在巴黎几乎没有多少新作，只有几首玛祖卡舞曲、夜曲和两三首练习曲。

　　他怎么有资本为之自豪呢？只是为曾经的那个肖邦的工作成果而骄傲着。现在要好好努力了。从1834年的后半年起，他不再像从前那样进出高雅的沙龙，也不再去咖啡馆和朋友们闲谈。他回避一切宦官人士、不再在晚间喝着香槟听富太太们倾诉仰慕之情。

他窝在自己的寓所里弹琴、描谱子，从晚上一直到白天，烛苗跟着他一起迎接黎明。巴黎没有波兰的农庄，也没有庆祝收成的马祖卡，写不出地道的波兰小曲。他不满意，就会在清晨撕掉整个晚上的创作。

"但是我有源源不断地对祖国的思念啊！"细腻而白皙的脸，映着月色，倾诉着心里浓浓的思乡之情。

乐谱，又再次一张张落满了他的桌子……

一个星期、两个星期……好几个星期过去了，肖邦不曾出现在任何社交场所。伯爵夫人们开始怀疑肖邦恋爱了，而他的朋友们则开始猜测他得了重病。肖邦在当时巴黎的艺术圈里朋友很多，钢琴家李斯特、诗人海涅、文学家巴尔扎克都与他交好。他们去肖邦的寓所才揭开了他的消失之谜。原来他把自己"封"在房间里了。他用厚厚的窗帘挡住外面的光芒，在屋里点了根蜡烛，在烛边弹着钢琴。瘦弱的身子在琴前试着音，朋友们站在外面聆听。此后，巴黎的艺术圈又多了一种新的社交活动——聚集在肖邦家窗外听琴。

与桑的爱恋

多情多感的艺术家肖邦，自然少不了缠绵的恋史。他的最后的恋爱对象，是一个比他年长六岁的纯粹的巴黎女子，名叫乔治·桑。

——摘自丰子恺《近世西洋十大音乐家故事》·肖邦

肖邦在巴黎的艺术家交际圈里，有很多朋友，李斯特是最好的一个。他被人们誉为"钢琴大王"，抒情的"钢琴诗人"肖邦和他在一起，非常投缘。据说，有一次李斯特故意模仿肖邦弹琴的腔调，在黑暗的室内演奏钢琴，在场的人们还以为是肖邦。后来他们俩一起演奏，因为太投入，力度过大，还把琴上的踏板给踏坏了。

自1834年下半年，肖邦开始努力在家练习作曲之后，便很少参与那些社交活动了，只是偶尔参加一些朋友们的小聚会。这样度过了漫长的两年。1836年的秋天，李斯特在法兰西饭店的寓所举办了一个小聚会，他为肖邦介绍了一个特别的人物。那是个在当时轰动巴黎的女子。她叫乔治·桑，是巴黎当时一流的女作家。

第一次见面，肖邦并不喜欢她。桑穿着一套男装，抽着雪茄。她不漂亮，还有点矮，肤色略浅，并不是什么娇美的女子，只有一双智慧的大眼睛格外有神采。他听说她18岁就结了婚，和一个伯爵生了两个小孩。因为家庭不和睦，又离了婚。若不是李斯特无数次地游说，他才不会见这个比他大6岁的女人呢。

而桑对他的印象却极好。

"他这样儒雅又温柔，身上好像有某种高贵的东西，难以形容。"

不过，没过多久，肖邦就开始喜欢桑了。

因为在之后没过多久的一次晚餐上，桑没有像以前那样穿男装。那次桑穿了一条白色的长裙，腰间系着一袭红色的腰带——波兰民族的传统色彩。她这样的打扮一下就抓住了肖邦的眼睛。他和朋友们一起弹琴、唱歌，活跃的气氛让他心情愉快，禁不住与桑聊起天来。他发现其实她并不像他想象的那样，是个粗鲁的、狂野的女人，而是个温柔、细腻的人。

"我弹琴时，她深深地凝视着我的眼睛。那音乐相当悲哀，是多瑙河的传奇；我的心在和她一起舞蹈……"

"而她的眼睛，那忧郁的眼睛，独一无二的眼睛，它们在说些什么？她靠在钢琴旁，她热烈的目光淹没了我……鲜花围绕着我们，我的心被她俘虏了！……"

"奥萝尔（乔治·桑的原名），多么迷人的名字！"

离开晚会，肖邦把自己一肚子的情愫都倾泻在了日记本上。之后，他每天都会写很多。但是桑怎么想呢？会和自己一样喜欢对方吗？这个疑问一直到两年后才解开。1838年的一个春天，他应朋友邀参加晚会。具体晚会发生了什么不得而知，但第二天早晨，有人送来了一张字条，上面写着："一个崇拜你的人——乔治"。

肖邦的心再次颤动起来了。以前，他认识的那些伯爵夫人、贵族小姐和社会名媛们，都是穿着漂亮的衣服，摆着贵气的风范出现在他身边。她们确实美丽、有教养，但对他的欣赏永远是站立在自己高贵的身份之上。只有她不同，乔治·桑夫人，卑微地站在自己钢琴椅后，阐述心中不安的仰慕。他陶醉了，把桑的纸条贴在日记本上。28岁的他和34岁的桑在一起了。他们去海外旅游，听海鸥歌唱，看落日夕阳；也相伴工作，一个创作音乐作品，一个创作文学作品。

这可让巴黎的伯爵夫人和公爵夫人们看红了眼，她们心里面憎恨桑，两腮因此烧得绯红。妒忌的火焰在胸口燃烧，到处散布他们的谣言，说肖邦的才华明显萎缩了。而公爵和金融家们的嘴巴更恶毒，恶狠狠地说："肖邦先生出身于非常非常低贱的阶层。常言道，狼走千里吃人，家世不好的人任何时候都忘不了自己的过去，也绝不会与之决裂。"腐朽势力的贵族嘴脸也暴露出来。

......

而肖邦呢？他觉得现在才是最真实的自己。刚到巴黎的荣誉满天飞的那几年，他一直都是神情恍惚的。即便后来努力作曲，他依然觉得力不从心。桑夫人让他找到了力量，重获丰富的创造力，如同他在风华正茂的岁月一样。

追马车的人

肖邦终于死于肺病。临终的时候，请一波兰僧人来为他行最后的忏悔及圣餐礼。他自己又请求友人某伯爵夫人为他唱圣母赞歌，反复数遍。又命取出音乐学院学生所赠的盛祖国的泥土的银杯，托他们把这祖国的土撒在他的棺上。不久他就带了亡国之恨及祖国之土，一并长埋在地下了。

——摘自丰子恺《近世西洋十大音乐家故事》·肖邦

肖邦从小身体就不好，他妹妹埃米尔也是如此。据说，他妹妹患有肺病，14岁时就去世了。而肖邦也没有幸免，很久以前就得了肺结核。

当时，肺结核是一种不治之症。他有33个医生，可没有一个能帮得上他。在他生命的最后10年，一直在与疾病抗争。肺病折磨着他。他发高烧，咳嗽不止，又吐血。医生朋友安慰他，说他并没有得肺结核这种不治之症。可1842年的春天刚过，这位朋友却去世了，死因便是肺结核。想着自己吐血时，好友不辞辛劳照顾自己的情形，他痛不欲生。同时，他更坚信自己得了肺结核。

他与桑的关系越来越淡，因为这病。有时他写着谱子，就会觉得天旋地转，胸口堵塞得喘不过气来。用力大咳，一下喷出一口鲜血。桑无微不至地照顾着他，可9年过去了，依然没有好转，她对他已经没有了耐性。

肖邦的身体却越来越虚弱。他想开场音乐会，要让仆人用轿子把他给抬进去；他应邀去英国演奏，下楼梯需要人扶着。而在他在屋里痛苦地呻吟时，外面的世界也发生了翻天覆地的变化。

1848年，法国二月革命爆发，席卷了整个法国。革命的烈火蔓延到整个欧洲，人们奔走相告：柏林革命了，维也纳革命了，意大利米兰人民赶走了奥地利侵略者。而波兰的波兹南地区也爆发了起义。在法国这么久了，他好想波兰。病弱的肖邦躺在病床上，望着映在窗玻璃上的火花，听着远处枪炮轰鸣和大街上传来的"自由万岁"的口号声，内心波澜起伏，抑制不住地激动。

现在，法国推翻了君主制，推翻了奥尔良王朝。他的祖国波兰呢？人们何时才能摆脱列强的统治？他看到在巴黎的波兰同胞要回国去战斗了，也想一同回国。抱着从祖国带来的银杯，他喃喃私语："我们要回家了。"那有玛祖卡，有绿油油的农田。还有，他的家。

披着斗篷，带着银杯和重要的乐谱。他站在街角等马车。这可不能让医生看到，他是偷偷溜出来的。"咳、咳……"嗓子里又涌出一片血腥。回波兰吧，带着我这身病恹恹的皮囊。一辆马车飞驰而过，在他身边停下。

"去波兰的，200个法郎一位。行李放在后面的马车里。"那马车里探出一个小脑袋，嗓音又细又尖。

肖邦放好行李，脚刚迈上马车，就被人抱住了。是他的家庭医生。

"先生你不能回去。"

"不，我要回去！"

"你到底走不走？"又一声尖细。

"我……"

"这位先生有肺结核！"

……

尖嗓子听到"肺结核"三个字，马上驾车走了……

"马车你别跑！波兰，我的波兰！"肖邦抱着银杯，像个小孩子一般，红肿着眼睛，追马车。轮子扫起一片尘土，越来越远，只留下病恹恹的肖邦。他知道自己不行了，只是想死在波兰而已。病床上，肖邦的额头上落下大颗大颗的汗珠，他抓了银杯一把泥土，放在胸口，痛苦地打着手势。人们明白了……

他死后，人们把银杯里的泥土撒在他的棺材上，和他一并埋下了。

波兰，我回来了……

舒 曼

（1810年6月8日—1856年7月29日）

勤勉而顽强地钻研，永远可以使你百尺竿头更进一步。

　　罗伯特·亚历山大·舒曼（Robert Alexander Schumann），德国作曲家、钢琴家，浪漫主义音乐成熟时期代表人物之一。舒曼生性热情敏感，富有民主主义思想。夫人克拉拉·威克也是著名钢琴家。舒曼在音乐方面深受舒伯特的影响，他的音乐充满了浪漫主义色彩，因此被人们称为"音乐诗人"。

用琴声"画像"

舒曼七岁时就作曲，天才的早发不亚于神童莫扎特。九岁的时候，听了当时名家的演奏心中非常感激，奋发用功。十岁毕业于私塾。这时候他在父亲所经营的书店内偶然看见发售的管弦乐谱，大感兴趣，自己也就试做小小的管弦乐曲。其曲由两个小提琴、两个长笛、一个克拉管和两个法国号组成。他邀集几位同学友，合奏这自作的小管弦乐给他的父亲听。

——摘自丰子恺《近世西洋十大音乐家故事》·舒曼

这是一个凉爽的夏夜。街上的煤油灯已经被点燃，星星点点的，照亮正对着街角的杂货店。年轻的小伙子在店里收拾着柜台，雪茄、香烟和糖果，一盒一盒全部收到柜子里。月亮姐姐趴在云朵上轻轻地打了个哈欠，天越来越黑了。街道上坐落着一排排的小房子，盖着深红色的瓦砖，一排一排的，像外祖母织的毛衣……

德国小镇向来都以富有童话风情而著称，茨维考便是这样一个。

"那家的灯又亮起来了！"

杂货店的对面，有家书店。奥古斯特·舒曼是它的老板。今天，奥古斯特先生又早早地收了摊子，因为他们要在楼上的家中开办音乐晚会。

……

有个浓眉大眼的小男孩正在弹琴，小手在琴键上欢快地跳跃着，贝多芬的曲子在他手下激昂地流动着，他是奥古斯特的小儿子——罗伯特·舒曼。乌黑乌黑的头发，低着脑袋全神地盯着架子上的谱子。

这琴声真美！可到了第二变奏时，却有了变化。小男孩调皮地看了爸爸一眼，大家知道，这位顽皮小生又准备开玩笑了……

果然，音乐经过一个奇妙的变化，突然从之前的音乐变成一段风马牛不相及的音乐了。"嘎嘎"，有孩子大笑了一声。他们明白了，小罗伯特又开始这有趣的"画人"游戏了，即根据人物的性格兴趣，用音乐"画"出在座嘉宾的长相。这次，他又在"画"谁呢？音乐的速度越来越慢，但节奏又很鲜明。是拖沓大王弗兰克？"哈哈"，孩子们会心地点了点头，小弗兰克羞着小脸，不好意思地吐了吐舌头……可过了一会，又有了新的变化，音乐节奏变得沉稳起来，偶尔还兼着两声重音节……这次是谁？孩子们四处张着小脑袋，左转右转，一圈一圈地转来转去，最后终于落在爸爸奥古斯特身上了。他脸两侧那两道长长的胡须，不正是刚才那两道重音么？

"是在画我们的大胡子爸爸！"

"哈！哈！哈！"

奥古斯特拍拍脸蛋，忍不住也大笑起来……

……

笑声像波浪，一团一团地，从这间小屋子里传出来……

……

这个坐在那里用音乐给大家"画像"的，是书店老板奥古斯特·舒曼的小儿子——罗伯特·舒曼。这个小孩子从小就古灵精怪的，总是把全家人弄得哈哈大笑。他是家里6个孩子中最小的一个，不仅有着非凡的音乐才华，还受书商父亲的影响，酷爱文学。书店架子上的每一本书都被他的"小爪子"掏下来过，然后坐在架子间的空隙里，他会一边吃着点心一边看，很享受着。

"你那罪恶的小爪子又在做什么？"看着小舒曼使劲儿踮着脚尖，拼命地够着高层架子上的书，逗得奥古斯特哈哈大笑。

徘徊在摆满在哥特文学史诗和中世纪故事的书架间，其中还有些父亲的作品，小舒曼每天都过得很充实。他们父子二人，看书看得经常忘记时间，母亲乔安娜拿这两个文学"疯子"一点儿办法都没有。每天都会定点传来她亲切的叫声：

"奥古斯特！罗伯特！上楼吃饭！"

开明的父亲

> 他的父亲因为自己少年时代在职业选择上曾经有过失败的经
> 验，故不干涉舒曼的好恶，并不反对他的偏好音乐。他看到舒曼的
> 音乐才华突如的发露，就命他去教会的风琴家那里去学习音乐。
>
> ——摘自丰子恺《近世西洋十大音乐家故事》·舒曼

说起小舒曼家的书店，那可是有着一番了不起的创业史的。他爸爸奥古斯特出生在一个贫穷的牧师家，因为家里穷，所以父亲希望他以后可以做生意挣大钱。可是奥古斯特可不想做什么生意人，他的心早就交给文学了。"文学是多么神奇呢？同样是字母，却充满感情！把人带到另外一个世界！"经过一番与父母的抗争，他终于走向了梦寐以求的文学之路。后来，在求学的路上，他爱上了小舒曼的母亲。为了养家，他靠开杂货店为生。小两口一点一点地攒钱，等到他们有了一定积蓄的时候，奥古斯特便为了他心爱的文学梦想开了家书店，他们家的——舒曼书店坊。

奥古斯特·舒曼是个了不起的文学家，他是很多文集的出版者，创办过周刊，翻译过拜伦的作品，还出版了很多外国作品的袖珍版。而让他欣喜的是，他的小儿子罗伯特，也非常喜欢文学。拜伦、司各特、莎士比亚和歌德，都是他的最爱。他甚至还可以背出整部《浮士德》，同学们都笑他是"梅菲斯特"。可这个"梅菲斯特"没过多久，就在茨维考中学里开了个文学小组。他们一起研究世界文学和德国文学；朗诵剧本；讨论诗歌和小说。

文学是小舒曼的最爱，音乐也是。从舒曼6岁上学开始，就展露出了不起的音乐才华。钢琴对他来说，似乎是一件好玩的玩具。他可以借琴曲描绘出每个朋友的性格，精确得让人忍俊不禁。

"这个慢节奏和某人的慢性子一模一样呐！哦吼吼吼！"

"是啊是啊，我们跟舒曼一起做坏事，可别让他知道……"

"那当然了，哈哈哈……"

……

奥古斯特因为小时候家里穷，所以没人支持他学文学。而现在，经过半辈子的努力，他已成为乡绅士族，不再缺钱花了。所以，当他看到小舒曼身上散发出来的音乐天赋时，便不再对他提出任何学习要求，而是对其放任自由了。

"你可以跟昆齐老师一起学习，那个管风琴演奏家，每次你跟我去圣玛丽教堂做礼拜都感叹他弹得好。"

"店里又来了好几本新进的管弦乐谱，我给你每样留一本。"

"长笛你要不要？来买书的孩子们最近都兴这个。"

"暑假去莱比锡旅游吧！莫扎特的《魔笛》正在那上演呢！你会喜欢的！"

12岁时，父亲甚至送了他一架漂亮的维也纳施特莱舍尔钢琴。这在当时可是价格不菲的。

"给你个大惊喜！"盖在上面的帷幕一揭开，便有一架亮铮铮的黑色庞然大物出现在眼前。

"爸爸一批书的货款呢！便宜你了！"大哥爱德华眯着小眼睛，"阴阳怪气"地冲着小舒曼笑着。哥哥姐姐们最疼他这个小弟弟了。

"这个，爸爸买的琴，以后是我们大家的！嘿嘿！"小舒曼脸上泛着红晕，又激动又有点不好意思。

……

"做你自己想做的事儿！去吧，自己做主！"他爸爸奥古斯特是个开明的家长，只要是孩子们喜欢的事儿，他都支持。童年时代的小舒曼因此而过得快乐无比，他在书的海洋里徜徉，在音符的世界里歌唱。当长大后的舒曼回忆起童年的生活，他说：

"我享受的教育是最细致的，最富有爱心的。"

母亲的命令

千八百二十六年，父亲死去，他的前程受了很大的阻碍。因为他的父亲是很明白的人，对于他的求学有很大的帮助。但母亲不能体谅他，断然地命令他改修法律。

——摘自丰子恺《近世西洋十大音乐家故事》·舒曼

一晃时间过得真快。小舒曼已经从原先的那个毛头小男孩长成一个健壮的小伙子了。你看他脸颊上那微微露出点苗头的小胡子，越来越像他爸爸了呢。自从爸爸斥巨资买了那架钢琴，他几乎每天都和同在昆齐老师门下学琴的同学皮尔辛一起弹琴。后来，当昆齐老师不再教他以后，他就在朋友卡鲁斯家里练琴。在那个乐音绕梁的人家，他的音乐鉴赏能力有了很大的提高。

除了音乐，文学也是他的最爱。爸爸是他的领航人。13岁就自编了诗集；还在茨维考中学里开办文学社，墙上挂着他崇高的理想："每位文明人都有责任了解祖国文学"。同学们把他看成未来的作家而佩服他。而他若是喜欢上一个作家，其笔下便处处都是那个作家的文风，比如说对让·保尔：

"挚友啊！愿我是一抹微笑，轻掠过她的眼底，愿我是欢乐，在她脉搏里温柔的跳动；啊，若我仅是一滴眼泪，我将与她同泣；假使她又笑了，我将自她的眼睫欢快地坠落。"

他写给暗恋的姑娘的情书，也要仿着让·保尔的语调。

……

多愁善感、心思细腻的他有着比常人更丰富的情感，这让他情不自禁地爱上文学和艺术，和他父亲奥古斯特一模一样。可这种性格却给舒曼的家里带来了灾难。他16岁的时候，姐姐艾米丽因得了皮肤病，终日郁郁寡欢，最终跳河身亡了。而性格脆弱、极度重感情的父亲忍受不了亡女之痛，几周后也撒手人寰了。几个哥哥忙于工作，这时舒曼便成了母亲心中最大的依靠了。她坐在窗边的摇椅上，一边晃一边自责着：

"我怎么会不知道呢……他的脾气令他忧郁……忧郁得会看小说哭泣……他是忧郁死的……艾米丽也是……"

艾米丽和奥古斯特的离去，让她更清楚了一个事实：忧郁和感性是舒曼家的家族本性，只需一个导火线，就可以让他们化为灰烬。

……

"妈妈，我的琴坏了好久了。什么时候才给我修呢？"

"罗伯特，你听我的话，乖乖地去莱比锡学法律，我就给你修。"罗伯特在茨维考的文科中学念了8年。老师们对他评价很高，说他学习刻苦，总是遥遥领先于其他同学。他的作文一直是班里的范文，希腊文和拉丁文的翻译也非常精彩……总之，他是个模范生，应该念大学。

"可是爸爸说我可以学音乐，或者文学的。"

"你爸爸？音乐给他带来什么了？一支笛子？文学给他带来什么了？一家书店？那些空虚的东西要了你爸爸的命的！"

"……"

"现实点，学门技能，比如法律。一辈子有份像样的工作，安稳地活着，挺好！"

"……"

"我已经跟你哥哥们商量过了，为了给你选学校，我们费了很大劲儿呢！"

"选来选去，还是莱比锡大学法学院最好！"

……

在生存的实用原则面前，舒曼那渴求在艺术中生活、毫无实用价值的朦胧的愿望是实现不了的，他的梦想不符合生存的目的。他也知道，爸爸和姐姐的离去，让母亲已是心力交瘁。为了让她少操点心，他乖乖地接受了母亲的安排。车轮"咯吱咯吱"地转向莱比锡，怀着心中对音乐和文学不可抹去的记忆，他离开了家乡。

"年少时常会有不知所求的时候，莫名的怀旧和泪水令他黯然，心不知所往。当我们懵懂地询问星辰的时候，灵魂在某种无声而圣洁的东西中期盼幸福的到来。"

疯在莱比锡

> 舒曼到底不能把法律当作自己的事业。他挂了法律学生的空名，而实际上不断地研究钢琴。门德尔松、菲尔德、洪梅尔等的作品，他都弹过。他所最尊敬的，是舒伯特。
>
> ——摘自丰子恺《近世西洋十大音乐家故事》·舒曼

1828年的春天，在母亲的安排下，舒曼到了莱比锡。乔安娜或许从来没有想过，这其实是个"错误"的决定。那里的确有不错的法学院，但莱比锡同时也是著名的音乐之城。早在一个世纪前，这里就修建了德国最大的音乐厅。伟大的作曲家巴赫，也曾在这里的圣托马斯教堂里工作过，他精心培养的托马斯合唱团闻名整个欧洲。

不仅如此，莱比锡还是一个有名的"书城"。从15世纪起，这里就已经成为德国的出版印刷中心了。大街上随处可见挂着厚厚木头标牌的书店，穿着旧外套的老板踩在扶梯上往架子上塞书，透过窗子看得一清二楚。店前的小木板上用石墨写着：

"舒伯特《小夜曲》最新上市！"

……

这些全部都让他激动，要知道，舒伯特的音乐可是他的最爱！他的曲子有如人声歌唱。

舒曼在莱比锡，一方面感受到了它的"雄伟、宽敞"，以及良好的音乐氛围，美妙的大型音乐会让他觉得心情舒畅。另一方面，又让这个感情丰富的少年因思念家乡而变得忧思重重。只要想起"故乡那宁静的秋日傍晚"，他就忧伤得如心碎一般。放在外面念书的孩子，总是会让父母们感到不安，而给他们大笔的零用钱，便是家长们用来填补心灵空缺的最佳方法。

他在布吕尔大街454号租了最贵的学生公寓，每套都有自己的客厅、厨房、餐厅，早晚提供热水、衣物干洗等生活服务。他们的生活富裕而安逸，不仅楼下有一辆辆出租马车方便出行，甚至宿舍里还配置了供大家娱乐的钢琴和大提琴。舒适的宿舍给了舒曼一个享受艺术的天堂。尽管他向母亲保证，自己一定会按时听课；也向监护人承诺会刻苦学习。但当他坐到了这适于读书吟诗的软沙发上时，便起不来了。他经常穿着睡衣，"伴着钢琴、幻想或是伴着香烟、咖啡，读着让·保尔的作品"，窝在宿舍里；要么就出去打台球、学击剑，偶尔听听哲学讲座。而提到他母亲让他学的法律，他跟一位朋友老实交代，"一次也没有去过"。

……

"你那个琴声可不可以小点？"舒曼作息不规律，经常在晚上弹琴，这可惹火了住在他隔壁的埃米尔。

"小点？难道你连舒伯特都不喜欢吗？"舒曼不喜欢他的"邻居"，经常和他闹别扭。他觉得他粗暴无礼。而埃米尔则觉得舒曼让人难以忍受，特别是他在"钢琴上乱敲的时候"。

初遇克拉拉

这时期的生活中，有最重大的事儿，即舒曼对克拉拉的亲密的交情。克拉拉的父亲维克是一个钢琴商人，又兼钢琴教师。他的女儿克拉拉受家庭教养，这时候已经成为一个女钢琴家。

——摘自丰子恺《近世西洋十大音乐家故事》·舒曼

夏天的阳光总是暖暖的、金灿灿的。山坡上一片葱茏，田野里茂密的穗子正打着瞌睡。"咯铃咯铃"，天空中飘起一个个音符，它们甩着小尾巴组成一条条纵队，最后冲进了让·保尔的书里……

午后的阳光总是让人不禁产生困意，舒曼趴在书桌上打起了盹儿。他梦见自己去拜访舒伯特，弹他的曲子给他听，"是的！是这样的！这正是我要的！"这位伟大的音乐家非常喜欢他的演奏，不停地点头赞许。

舒伯特的赞美！舒曼心里美美地，可随着"哐啷"的一声，他猛地醒了过来，原来只是一个梦。一转眼，他来莱比锡已经5个月了，可是有关法律的课业他却是一点没碰。看看桌子上那叠用红笔标满记号的司法课笔记，还有那本厚厚的法学字典，他不禁深深地叹了口气。"上次母亲写信来，又催我努力学法律了。"所有带折角的都是需要背的，而用红笔钩出来的，则是重点。

"让我暂时先放下这枯燥的课业，去欣赏一下音乐吧。"自打来到莱比锡，舒曼每天都这样"安慰"自己，法律课没怎么上，音乐会却场场不落。莱比锡这个忙碌的小镇，经常会有各种音乐演出，当然，也包括音乐家们聚在一起举办的小型茶话会式音乐会。

"亲爱的罗伯特，能在莱比锡看到你，真是我们的缘分。"舒曼的朋友卡鲁斯夫妇因工作也刚从茨维考搬到莱比锡。遇到了老朋友，舒曼便常去他们家做客，他们举办的音乐会更是场场不落。卡鲁斯太太热情地招待着他，这位女士为他介绍了不少音乐界的名人。

"还记得我们在茨维考的日子吗？那时候你每天满口都是让·保尔……"为了参加今天的音乐会，舒曼特意带了一个新的领结，金褐色的，显得气色很好，和卡鲁斯太太那套金色带蓬蓬袖的晚礼服非常相配。

"当然啦！我们还给保尔编过话剧呢！"

扇着羽毛扇的夫人从他们身边路过，舒曼和这位老朋友从中厅走到内厅，两个人亲切地聊着。

"真是太棒了！"侍者一手晃晃悠悠地拖着盘子，一手挎着收好的餐布，蹭着地板快步从最里面的客厅走了出来。

舒曼和她停停走走，回忆着往昔在家乡的事儿。可走到最里面的音乐厅时，他停了下来。耳朵仿佛是受了某种"刺激"，让他整个人都木住了。这房间的正中央放着一架大钢琴，有个娇小的女孩正坐在那里弹。

琴声像是诗，散发着光芒。她手下的音符，音色圆润，又像是被赋予了生命一般，生机盎然。太美了！舒曼站在那儿，缩紧了下巴，目不转睛地看着那弹琴的女孩。她一身雪白的连衣裙，头顶系了个硕大的白蝴蝶结，扎着她盘起来的小麻花瓣。蓬松的裙子底下露着镶着花边的衬裙，让她看起来更像一只白蝴蝶。一个身穿高领黑色晚礼服的男人站在她身旁，满意地点了点头。

这是怎样美妙的琴声啊！音符好像不是从钢琴上发出，而是精灵用魔法将歌声传到你心里一样。怎么弹的呢？这白衣"精灵公主"？他想起自己弹琴的样子：他总是弹得很猛烈，就像与琴键有冤仇一般。"你不用力，我们就都跑掉了！"音符这些"小妖精"，不用力抓，就没有了……

"这是敝人的爱女——克拉拉·维克。"高领晚礼服男人说。

她真让人妒忌！是天赋么？她只要用她纤细的手微微一碰，琴键就会发出它最唯美的叹息。

"太棒了！维克先生！"

"真是神童啊！怎么教她的？这样精确，这样动听……"

"先生们，"高领子骄傲地伸了伸他的脖子，"这才只是个开始，再过几年，我培养的克拉拉，会有更好的成绩！"他的声音因自豪而变得有点颤抖，"她与生俱来的音乐才能加上我绝妙的教育方法……咳咳……"

"绝妙的方法？！"耳朵捕捉到这句话，舒曼瞪圆了双眼，放着光芒，都没有注意到布鲁斯夫人拿羽毛扇拍他。

"听说他有特别的方法，每天练习不到三小时……"

"不到三个小时？天呐！"

"维克可是莱比锡的名师……"

……

门厅旁，某个打金褐色领结的人默默不语地动了小心思……

"我也要拜他为师……"

向母亲坦言

　　二十岁的时候，他托他的亲友弗利德利希·维克向母亲保证，要求停修法律，专习音乐。母亲许可了。一八三〇年他写给母亲的信中，有这样的话：

　　"我的全部生活，是散文与诗——法律与音乐——的二十年间的苦斗。"

　　幸而这苦斗今已告终了。

　　　　　　　　　　——摘自丰子恺《近世西洋十大音乐家故事》·舒曼

　　克拉拉永远也忘不了，那一天她拉开门的那一刹那：一个高大帅气的男子站在她面前，用充满磁性的男中音向她问好："幸会，克拉拉小姐！"阳光热烈地洒在男子的身上，照出一片片光芒。舒曼有力的大手握着克拉拉纤细的小手，印上男士对小姐礼貌的一吻。

　　舒曼终究实现了他的梦想，也成了维克的学生。其实，舒曼在18岁以前的音乐水平，只能算是一个业余爱好者。他虽然跟着昆齐老师学了7年的钢琴，但也并非专业人士。若是跟同龄的门德尔松相比，那就是芝麻遇上烧饼了。自从上次在卡鲁斯教授家听到克拉拉的演奏，舒曼的心就被她的琴声揪住，再也飘不回来了。他真想马上也弹出和克拉拉一样水准的音乐，可维克老师是讲究慢工出细活的人，他最重视基础音乐的学习。

　　"音阶，年轻人，你要从最基础的音阶开始练习。"

　　"每个音都要稳，发全……，你看，do……ra……mi……fa……so……

la······xi······do"

"错了！错了！"舒曼的手被乐谱狠狠地抽了一下，"你的do太用力了，mi太轻了！均匀！均匀！"

这让胸怀大志、想在短期内就取得大成绩的舒曼很是沮丧，他经常旷课，有时一旷就是一个星期。莱比锡懒散而陈腐的生活，让舒曼越来越没有斗志。他总是头脑不清，昏昏欲睡。他开始想念在茨维考小镇上的生活，风景秀丽，山峦起伏……

舒曼又动了新的小心思。他写信给母亲说，莱比锡的法律课枯燥无味，教授的水平也不高，毫无口才或启发性。转而，他又跟母亲的监护人说：

"我听说海德堡有德国最著名的法学家梯鲍和米特迈尔，请把我转学到那里吧！我会好好学法律的……"

望子成龙的母亲以为舒曼真的决心开始用功念书，终于，在1829年的春天同意了他的请求。

天蓝蓝的，海德堡的生活亲切而舒适，它不如莱比锡那样令人眼花缭乱，也不像大城市那般繁华。只是清清淡淡，一派田园风光，秀丽如画。海德堡是个小镇，它的音乐发展水平还无法与莱比锡那样的大城市相比。这样，舒曼便一下子成了那里最卓越的演奏者。舞会上的女士们对他频频示好，先生们为他送去自家酿的葡萄酒。以前在莱比锡，他一直过得混混沌沌的，"游手好闲"和"不求上进"是他的代名词。现在，在海德堡，人们的赞美声让他又重新有了信心，燃起了斗志。他会随身背着个假键盘，有空就拿着练琴。

而舒曼那堂而皇之的借口"梯鲍教授"呢？这位老先生虽是以《法律系统》一书而闻名的法学家，但同时也是位音乐爱好者，领导着海德堡声乐联合会，这对法律系的师生聚在一起不讨论法律，而是探讨音乐。

……

一晃，又是一年过去了。从18岁开始到莱比锡，再到海德堡，已经过去3年多的时间了。名义上，他的确是法律系的学生；可实际上，他全部的精力都放在了文学和音乐上。他以前一直向母亲隐瞒这件事，现在，大学教育已经过了一多半，他需要正视这个问题了。

"刚到莱比锡的时候，我以为，我可以将音乐当成业余爱好。可是，当我看到舒伯特的美妙的乐谱时；当我听到克拉拉惊世绝伦的演奏时；当海德堡的人们对我的音乐报以最热烈的掌声时；当我抚摸着我心爱的琴键，心中翻滚起无限乐思时，我清楚地感觉到音乐于我，早已融入血液中了。"

该向母亲坦白了。

"我该怎样描写我此刻的幸福？"他写信给母亲说，

"这两年来，我一直挣扎在诗与文之中，或者可以说是音乐与法律之间……如今我站在十字路口上，不知何去何从？我的才能倾向艺术，我也逐渐确信，走这条路才是对的……我很了解您的心情，我们也都同意学艺术前途未卜，谋生不易。

亲爱的母亲，这是一场对抗。我本身的战争也愈演愈烈。我时而自信饱满，时而念及长路迢迢，不禁惴惴不安……亲爱的母亲，现在我想问：您会成全我吗？亲自写信给维克吧！问问他将来对我有何建议……然后我才能重新出发，无怨无悔地追求我人生的目标……"

连着5封信，字里行间处处都充斥与困扰和期待。为儿子前途深感担忧的母亲马上给维克写了信，大致内容是这样的

"……请您体谅一个母亲的心，与一个全然不明世事的青年的命运。我的儿子罗伯特的生活，尤似在朦胧的云雾之中；对于实际生活，他全然没有懂得！我晓得你是爱好音乐的。但希望你切勿因为自己爱好音乐而劝诱罗伯特也研究音乐。请计量他的年龄、他的资力、他的才能，和他的将来……"

维克对舒曼的音乐才华充满信心。他回复舒曼的母亲说，3年之内，舒曼一定可以成为钢琴家中第一流的人物。他的教育方法可以培养出一个克拉拉，也可以培养出与胡梅尔齐肩的舒曼。而当维克提到，钢琴教师的薪资，每小时能有6~8塔勒时，舒曼的母亲彻底动心了。

"勇敢地去追求你的人生目标吧！"

钢琴梦破灭

他寄居在莱比锡的维克的家里。他从此开始，每日勇猛精进地练习钢琴。他希望自己的右手的中指能和别的手指一样地灵敏，瞒过了维克，私下用纽带将中指与别的手指结住，而猛力练习。然这结果终归失败。右手的中指伤了筋，从此失却了演奏者的资格。

——摘自丰子恺《近世西洋十大音乐家故事》·舒曼

1830年10月，乘着邮件马车，舒曼搬进了维克家中。现在他终于可以正式开始学习音乐了。维克早就给他准备好了房间。

"我向你母亲保证，3年之后把你培养成一个著名的音乐家。但是你要答应我，放弃自己以前天马行空般的生活，按我的要求来学习。第一年每天都来我这学习1个小时。之后两年学习作曲。"

一开始，刚从母亲那得到许可学习音乐的舒曼，像是从笼中飞出的小鸟，在茫茫云雾缭绕的云层中飞来飞去，找不到方向，现在终于明确了道路。起初他意气风发，但是，现在舒曼很快就意识到，自己在法学院已经浪费掉了3年的青春，便又颓废不已。现在自己已经是20岁的大龄青年，看到那些咿呀学语的孩子们，从幼年就开始接受最专业的钢琴教育，他心里面既着急又怨恨。

自从成为维克的学生后，他开始发疯地练习。他的音乐基础，在当时只能算是一个业余爱好。舒曼总是想着在短时间内快速提高水平。这个不踏实的孩子，还没学会走路，却总是想着跑。可维克老师的教育方式却是一种慢"动作式"的。他要求舒曼每天只练习1小时钢琴，并且全部都是最基础的。这让想要快速成才的舒曼很是气恼。有关音乐学习方法上的问题，他时常和维克发生冲突。

维克是一个很热情的人，但只要让他觉得，舒曼不够认可他的教学方法，他就变得脾气暴躁，尖酸好辩了，这让舒曼和他很难相处。他与舒曼不同，没有资助他念书的母亲，年轻时家境很不好，是靠朋友们接济才进了大学。一直靠着个人努力和艰苦的生活才得到了今天的成就。他将国外练习钢琴的机器引进到德国来，广受欢迎。再加上对音乐神童克拉拉的培养，才有了今日在德国社会上的地位。舒曼那漫不经心的、过于任性，又大手大脚花钱的毛病自然让他很是不满。况且，舒曼总是想着在短时间内就成为弹奏钢琴的演奏高手，这让维克觉得很难调教。更何况，对于维克来讲，他的宝贝女儿克拉拉才是最重要的。有时，当舒曼陷入自己惯有的低潮情绪时，维克就跑去关心他的爱女去了。舒曼写信给母亲说：

"你简直想不到他有多么热情，他的判断力和对艺术的看法是多么高明。可是，当他为了自己或是克拉拉的利益说话时，他粗暴得像个野人。"

舒曼感到受到了冷落。更让他悲伤的是，他练琴时，总有一位技巧典范的克拉拉在他跟前。她虽然比舒曼小9岁，却琴艺不凡。从他来到维克家之后没多久，维克就带着克拉拉巡演去了。"我们会去德国的每一个地区，之后去法国的'巴黎'！"这父女二人刚走，舒曼就做了一件让他自己悔恨终生的事。

他觉得自己右手中指不够灵活，便异想天开，发明了一个仪器，套在右手上，吊住中指，使手指等长。结果便是，这种机器让他的右手受了损伤，两条肌腱永久性地遭到损害，再也无法弹奏钢琴了。

药浴、针灸……他请了无数医生，但得到的一致回答都是，这只手已经废掉了。为了治疗，他甚至还试过动物浴，把手浸入牛的粪便中，可是依然没有疗效。悲伤的舒曼坐在地板的一角，心里悲痛不已：

"哦，主啊，为何你偏要如此待我？在我内心，那么完整、鲜活的音乐，如今却只能用不听使唤的手指，痛苦不堪地弹奏出来，真是可怕……"

克拉拉归来

> 这失败在舒曼当初的确十分悲观，退回去做法律家，其势已不可能；考虑的结果，他决计改修作曲家了。
>
> ——摘自丰子恺《近世西洋十大音乐家故事》·舒曼

十指连心的痛楚，舒曼永远不会忘记。

"你是白痴吗？"

"还是脑残？"

"居然会想要把手用机器绑起来练琴，简直不可理喻！"

当舒曼肿着黑眼圈，向带着克拉拉巡演回来后的维克说起这件事时，他的脸气得都变形了。

不过，钢琴家梦想的破灭，并没有使舒曼过于沮丧。很快，他就意识到自己必须放弃钢琴独奏家的梦想。虽然认清现状并不是一朝一夕的事，向命运屈服也不那么容易，可舒曼还是乐观地迈过了这一关。他写信安慰母亲：

"别为我的手指操心了。没有了它的帮助，我照样可以作曲，做个远游的乐人，那是再幸福不过的事了……另外，这也不妨碍我即兴作曲。"

受伤的右手再次坚强地举了起来。舒曼确信，他还可以实现他的第二个人生梦想，成为一个"作曲家"。在莱比锡的单身宿舍里，乌黑的头发趴在桌上写下一个又一个音符。1832年，对舒曼来说，既是与理想失之交臂的一年，也是重获梦想的一年，在音乐上获得了重生。7月，他给母亲写信说：

"清晨约5点，我像鹿一样从床上跃起，记账，写日记，写信，接着我逐一研读，作曲，读点书。……午饭后，就读法文书或看报纸，我习惯从3点散步到6点，通常一个人走到美丽的康奈维兹。我告诉你，如同我告诉自己，'只要你能接受生活的单纯，并适当节制欲望，就能活在天堂里。'我常常乐得拍手，6点返回家后就开始即兴作曲，快到8点才与肯佩尔和沃尔夫出去共进晚餐后再回家。"

手残之后，他便开始作曲。完成了后来佚失的《幻想练习曲》。还于1832年4月，出版了第一号作品《阿贝格变奏曲》。而当他想起以前在维克家，与克拉拉和孩子们快乐的生活时，他还写了由十二首钢琴小品组成的《蝴蝶》。

"我听说您写了新的作品！您的《蝴蝶》，弹给我听，好吗？"

从魏玛到巴黎，克拉拉终于结束了全部旅程，1835年，她巡演归来，回到了莱比锡。此时，舒曼眼前出现的已经不再是那个闪着大眼睛的黑发小姑娘了，站在他面前的分明是一个亭亭玉立的少女。她比以前更加楚楚动人，长高了不少，也更加健美。头上戴着当时巴黎很盛行的羽毛帽，像只快乐的"小蝴蝶"。带着一口富有法语味的德语，她甜甜地笑着。

"当然，您想听，等一下，谱子给您……"蜷坐在公寓的地板上，乱糟糟的乐谱撒在脚下，舒曼一张一张快速地翻着……

"这曲子真美……"克拉拉从5岁开始跟着父亲学琴，11岁正式登上莱比锡舞台，到了1833年已经小有名气。从1830年到1833年，她和父亲一共巡演了40余场，无论走到哪里都会引起轰动。

"您更美，小克拉拉。转个圈，让我好好看看你……"自从舒曼来到维克家学音乐，克拉拉就一直非常喜欢他。

……

时间仿佛在倒退，刚到维克家学习时与克拉拉在一起的情景，一幕幕在舒曼的脑海中飘过……

"我爸爸给我娶了个后妈。克莱门蒂娜夫人。你见过她吧？上次她做的奶油蘑菇汤，我一口没喝，全部都倒掉了。其实我不是不喜欢蘑菇汤，只是不喜欢她做的，我只爱我妈妈做的。"

克拉拉很小的时候，父亲维克与她母亲就离了婚。

"我的父亲开了一家音乐图书馆，可外借图书，另外还开了家小钢琴店，我母亲每天还要练一两个小时的钢琴，所以我经常由女仆照顾。可后来，女仆也被调走了。"

维克的梦想，就是有朝一日可以将自己的孩子培养成闻名欧洲的钢琴师，以弥补自己曾经的遗憾。他认为，女儿要顺从得多，所以，当有了克拉拉时，他就将全部的心血都放在了这个女儿身上。

"罗伯特，你知道吗？你是我第一个好朋友。"

"我的童年不幸福，只有弹琴的时候才会快乐些，那些音符滋润了我空虚的心。"

自从父母离婚以后，陪伴克拉拉的，就只有钢琴。她只在学校念了一年书，之后便天天在家里，在维克的看管下，学习音乐。

"而你，罗伯特，你弥补了我那些年所受的痛苦。那时的我孤独一人。"

"父亲很疼我，我也爱他。但一个女孩子所渴望的母爱，我从未享受过，所以我从来没有彻彻底底地快乐过。"

舒曼在维克家，除了练琴，就是陪着克拉拉和她的弟弟们一起玩耍。他讲故事给他们听，捉迷藏玩，跟着克拉拉一起散步。林荫小路上，映着他和克拉拉的影子，不时传来阵阵嬉笑声。

那时，克拉拉还只是一个小姑娘，可现在，眼前这个留出一撮卷发的少女，让他有了新的感受……

 # 维克的反对

克拉拉十六岁的一年，舒曼的日记上有这样的记录：

"十一月，最初的接吻。"

然而克拉拉的父亲维克不愿使自己的女儿做一个作曲者夫人。

对于他们二人的关系表示反对态度。

——摘自丰子恺《近世西洋十大音乐家故事》·舒曼

"脱帽致敬吧，先生们，这是个天才！"

舒曼生活的那个年代的德国，人们大多崇尚流行的当代音乐，而对曾经的巴赫、莫扎特、贝多芬等前一时期的著名音乐家不屑一顾。为了让人们不忘记对这些伟大音乐家的优秀作品，开发新的音乐家，舒曼联合当时出版界的几个朋友，创办了一份前卫的杂志——《新莱比锡音乐杂志》。1834年4月，杂志创刊。第一任总编不久因病辞职，由舒曼接替其职位。

以前的音乐评论家在评价音乐作品时，大多言语刻薄，而舒曼却与他们不同。在他的笔下，每一位新人的作品都得到了应有的赞美。到了1835年，舒曼的音乐杂志在德国已经有了400多位读者。

大约在此时期，舒曼与门德尔松也有了交往。那时门德尔松已出任莱比锡著名的布业大厅音乐会指挥。这位素有"小神童"之称的比舒曼还小一岁的作曲家已是硕果累累，再加上有一个成功的银行家父亲做坚强后盾，还有著名钢琴家姐姐的光环照耀，他各个方面都比舒曼要优越得多。

"假如我也像门德尔松那样，在那样优越的家庭里成长，有着那样浓厚的家庭音乐氛围。我也可以成为门德尔松那样的音乐神童。"他跟克拉拉抱怨说。现在，门德尔松成了维克家的常客，他让舒曼产生了一种强烈的危机感。也许，门德尔松这样人才是维克心里最理想的女婿人选。

"我的心灵会悄悄告诉您：我永远属于您！"

——克拉拉·维克

手指受了伤，再也无法弹奏钢琴，事业也很渺茫，但克拉拉还是钟情于他，从第一天他到她家的时候就是。

1835年的一天，16岁的克拉拉在自家的楼梯上冒着风险接受了舒曼给她的第一个吻。因为父亲就坐在房内的沙发上。自从克拉拉进入青春期以来，维克的心情就没好过。他已经逐渐感觉到了舒曼与他女儿之间的恋情。女儿对维克来说，是毕生的心血。他担心克拉拉与舒曼恋爱会断送女儿的艺术前程，更担心自己多年来的努力会付之东流。更重要的是，当时的舒曼，无论在事业上还是创作上，都还不足以有实力获得一份稳定的收入。而且他那抑郁沮丧的情绪，以及间或出现的酗酒现象，都令维克十分担心。为了斩断女儿与舒曼之间的情丝，维克决定将女儿送到德雷斯顿去。

他带着克拉拉去了鲍狄森伯爵家，原本以为万事大吉，可没想到，那伯爵夫人在听了克拉拉所诉说的恋情后，居然怂恿她勇敢地选择自己的恋情。当气愤的维克看到克拉拉拿着罗伯特给她寄到德累斯顿的乐谱，维克再也忍不住，对着她怒吼：

"小克拉拉！我现在对你说话。你听好了，我要对你说的事非常重要。你背叛了我，你们都背叛了我。我离开德累斯顿几天，可不是为了游山玩水，这点你很清楚，过日子不容易，我还得出去卖钢琴。我原以为我们的朋友会遵守信约，照顾好你。可我回来时却发现他们全都和你串通一气。是的，你们什么都瞒不了我。我发现了，你可怜的情人趁我不在的时候偷偷来到德累斯顿。……我以为我自己很了解你，从你出世以来，我把自己生命里的每一分钟都花在了你身上，可我今天却发现你欺骗我。是的，我说的没错，欺骗！背叛！"

父亲怎样想，克拉拉或许不能将每点都猜透。但是，她心里有一个声音很坚定：她爱舒曼。可维克却不这么想，克拉拉对他来说，是最心爱的女儿，也是自己了不起的杰作。

"你的一生就是接受作为一个艺术家的命运，因为造物主给了你一切必需的天赋。你是何等的幸运，你的父亲是一个全世界公认的名师，你完全可以依靠他。你背叛我的时候，你就是背叛了音乐，背叛了你的事业，背叛了你的成功，背叛了你的听众。你这样子能有什么下场？"

父亲严厉的责骂确实把克拉拉吓得不轻。那年4月他们回到莱比锡。或许是父亲的威吓和影响，克拉拉无论在哪里遇见舒曼都装出一副不认识的样子。这令舒曼十分伤心。而更让他无法忍受的是，从维克家的一位新常客卡尔·邦克的口中，传出克拉拉已经忘却他这位旧情人的传言。舒曼再次遭受打击。他一反常态，酗酒，夜晚在楼上大声跺脚，用不健全的手指拼命弹钢琴，弄得邻居不得安宁，直到房主警告才罢休。

舒曼一直将1836年喻为"阴霾的一年"，不过，在这一年中他在创作上却是硕果累累。勇猛的暴风雨过后，彩虹又露了出来。克拉拉在莱比锡的演奏会上演奏了舒曼作的《十二首交响练习曲》，并给他寄去一张请柬。这暗示和好的信号让舒曼感动不已。忍着相思之苦的舒曼给克拉拉捎去一封信：

"漫长的沉默之后，我在痛苦、希望与绝望中给您写这封信。我希望，这封信载着我不渝的爱能被您接受。倘若这爱已不复存在，请将此信原封不动退还给我。您仍然坚定不移吗？我坚定地相信，您不会变心。倘若人们懂得了什么是世界上最珍爱的东西，那么，再顽固的堡垒也能攻克。您就是我最真爱之物。……我想请您在您生日那天亲自将我给您父亲写的信交给他，我只要您告诉我，'行'还是'不行'。

……

无论如何您要坚信：

只要我们下定决心，我们一定会成功！"

两天之后，克拉拉给舒曼的复信，让舒曼坚定了心。

"仅仅要我简单地回答一个'行'字？就是这样一个字却包含着如此沉重的分量！但仅仅这一个字难以表达我对您的这份情感，无法代表我的这颗心！我的心灵会悄悄告诉您：我永远属于您！

……

现在我就对您说一声：'行'！难道上帝真的要让我18岁的生日成为苦难之日？不，这未免过于残忍！我早就有预感，'我们一定能获得幸福！'我这颗年轻的心是怎样的矢志不渝！"

两个人偷偷地立下誓言，订了婚。

终于结婚了

千八百四十年二月二十四日，耶那大学赠他哲学博士的称号。这一年八月一日，法庭终于承认了他们二人的结婚。内幕中有克拉拉的母亲在帮助舒曼，故其事更容易成功。这一年的九月十二日，克拉拉的诞生日前两日，这两个爱人在莱比锡结了白头之盟。

——摘自丰子恺《近世西洋十大音乐家故事》·舒曼

我的好姑娘，我从心底深深地吻你。

让我也深深地吻你，我亲爱的罗伯特。

两个相爱的人儿感情逐渐升温。

在克拉拉18岁生日那天，他写信给维克求婚。他说，他现在虽然还不是什么著名的音乐家，但是也已经小有所成了。他是杂志社的主编，小有影响力，并有一定数量的读者。他的手虽然残废了，但是这并不影响他成为一个作曲家。可是维克的反应却让他陷入深深的绝望：

"与你父亲的会面真是太可怕了，他无情，满怀敌意，混乱而又矛盾。他伤人的方式真是新奇，用刀柄也能刺伤我。……你尽可能想个办法吧，我会像个孩子一样全依赖你。我的头真晕，苦笑不已，这不可能拖太久，我的身体无法消受。上帝请助我免于绝望吧！"

克拉拉知道，在舒曼与他的父亲维克中，她只能选择一个。父亲的态度越来越坚硬了，1839年2月，克拉拉到巴黎演出时，维克甚至没有同行。不过，这并不影响克拉拉一个人的巡演，舒曼对此很是钦佩。

"你总喜欢坐蒸汽火车，"舒曼在1839年写给克拉拉的信中说，"可我请求你千万要小心，不要探身往窗外看，不要站起身来，在完全停稳前不要下车。"

他们这对恋人作了各种努力，比如，克拉拉也曾试图以女儿的这份感情软化父亲：

"父亲，你爱我，就别做对我不公之事。爱弥莉和亨利特可以作证，她们知道，当我说起你时是多么地爱你，就是在收到你充斥着责备与训斥的信后我也依然如此。为与你分别，为不能陪你散步，为你指责我忘恩负义等等，我常常独自饮泣。

啊，我亲爱的父亲，如果你能宽容待我，如果你心中能为了舒曼重新燃起爱的火焰，那我们该有多幸福啊！……假如要我告诉你我的心里话，那就是：我不想失去你！……"

可是维克在1839年5月7日给女儿的信证明，克拉拉的努力并未奏效。他这样看待女儿的陈述："你所写的一切，一半是在说谎，另一半则是基于一种错误的观点……"他才不希望女儿和残废的舒曼在一起呢。

无奈的舒曼只得拾起自己曾经抛弃的大学专业——"法律"来为自己抗辩，要求莱比锡法院敦促维克同意婚事，1840年8月1日，这场历时将近一年时间的官司终于有了结果。莱比锡皇家法院批准了罗伯特·舒曼与克拉拉·维克的结婚请求。

1840年9月12日，又是一个秋高气爽的日子，克拉拉即将迎来她21周岁生日的前一天。从莱比锡舍内费尔德乡村教堂，传来了悠扬动听的婚礼乐曲。随着优美的旋律，这对儿苦恋了5年的情人，终于如愿以偿，手挽手，肩并肩地步入了教堂。

"愿我们以后过的是诗和花的生活，我们俩像天使那样，一起作曲，一起歌唱，给人类带来欢乐。"

李斯特

（1811年10月22日—1886年7月31日）

对于一场演出,只要将我的生命投入其中,至于我是否亲自执棒指挥,那真的无关紧要,问题的关键不在于我的手臂的挥动,而在于我精神的活动。

　　弗朗兹·李斯特（Franz Liszt），匈牙利作曲家、钢琴家、指挥家和音乐活动家，被誉为"炫技大师""钢琴魔鬼"。李斯特6岁起开始学习音乐，曾先后师从音乐名家萨里埃里、车尔尼、雷哈、巴埃尔。在一些音乐史学家眼中，李斯特是世界上最伟大的钢琴家。

公爵的赞助

　　李斯特的祖先，是十六世纪匈牙利的巨富的贵族。李斯特生于千八百十一年十月十二日。这一年的秋季，恰当李斯特诞生的的期间，天上有彗星出现。这当然是偶然的事。然而天上的奇异的现象与人间的伟人同时出现，昔人认为奇妙的因缘，故音乐史家都传述之。

　　　　　　　　　——摘自丰子恺《近世西洋十大音乐家故事》·李斯特

　　19世纪的欧洲处于动荡不安之中，拿破仑的亢奋一次又一次地冲击着法兰西远远近近的邻国。但在欧洲有些地方，仍然如画布上的田园一般，静谧、安详，无论是战火，还是激进的思潮，对它们都没有丝毫的影响。比如匈牙利西部边境上的小村庄莱丁便是这样的。这里是最显赫的匈牙利贵族埃斯特哈奇家族的领地。

　　弗朗兹·李斯特便出生在这里，他的父亲亚当·李斯特是埃斯特哈奇家族的土地管理员，每天老实本分地为主人记着账本。不过，亚当也热爱音乐，经常抱着年幼的李斯特哼曲子唱歌。

　　李斯特小时候身体非常不好，看起来总是病恹恹的。母亲为他到村子里去祈祷，希望他能安安稳稳地度过一生，可没想，算命的人却说：这孩子迟早会离开这个村子的。这让母亲很是伤心，而亚当却把它当回事，开始关注小弗朗兹的一举一动了。

　　亚当发现，小弗朗兹对琴声、对歌声非常敏感。每当他弹琴，小弗朗兹都会从嬉闹中一下子变得安静下来，开始全神凝听，稚嫩的小脸上露出灿烂的笑容。这让本是非常喜欢音乐的亚当非常高兴，他写信给朋友说：

　　"弗朗兹6岁时听我演奏里斯的C大调协奏曲，他伏在钢琴上听得入了神。晚上，从花园里散步回来，他唱起了这首协奏曲的主题。我们要他再把它唱一遍，而他却不知道他正在唱的是什么。"

他的确和普通的孩子不同，很少爬到树上去捉毛毛虫，而是舞着"爪子"在键盘上敲来敲去。亚当看他这样喜欢弹琴，就开始正式教他钢琴了。可再次超出亚当意料的是，学琴后没多久，弗朗兹就把他的授课计划给打破了，他学得很快，现在要亚当跟着他的进度走了。

这样一直到了弗朗兹9岁的时候。那时，城里有位伯爵开音乐会。亚当就带着李斯特去了。当小弗朗兹穿着身奇怪的演出服坐在庞大的钢琴前，明朗的琴声传出来，在座的观众都被吸引住了。这钢琴高手的消息一下子被人们传来传去，一直传到埃斯特哈奇公爵的耳朵里，他也邀请小弗朗兹进行演出。匈牙利报纸上这样刊载着：

"26日，上个星期天中午，9岁的钢琴艺术家弗朗兹·李斯特有幸在米凯尔·埃斯特哈奇公爵家中为一些显赫的本地贵族和音乐行家们进行表演。他超群的技巧、理解最困难的乐谱和试奏任何放在他面前的乐曲的能力，都得到了极高的赞赏，人们寄予他极高的期望。"

埃斯特哈奇家族是当时有名的热爱音乐的贵族。赞助艺术家在欧洲有着悠久的历史。当听到小弗朗兹如此优美的琴声时，贵族老爷们当即决定，要赞助这个孩子去维也纳深造。他们组成一个"委员会"，签订一份协议：弗朗兹·李斯特在未来6年的学习中，每年将得到600个奥地利弗洛林。

拜见车尔尼

　　迁居维也纳之后，父亲就带李斯特去见有名的钢琴家车尔尼，要求执弟子仪。最初车尔尼拒绝他们，说没有余多的时间。后来听到了幼年的李斯特的演奏，他就欢喜地答允了，并且收取极低廉的学费。后来终于连这低廉的学费也不收。

——摘自丰子恺《近世西洋十大音乐家故事》·李斯特

　　1822年5月8日，亚当带着李斯特离开了莱丁村，来到了维也纳。作为欧洲的音乐之都，这座古老的城市一直享誉盛名。这个城市也培养出了著名的贝多芬。在李斯特父子心中，贝多芬就是如神明一样的人。安顿好行李，李斯特父子就前去拜访车尔尼了。

　　车尔尼是贝多芬的学生，维也纳当时著名的钢琴师。他虽然只有30多岁，但看起来却要老成很多，透着眼睛，他那双严厉的双眼盯得李斯特父子浑身紧张。

　　"我们是从匈牙利来的，想拜您为师。"

　　"穿得好穷酸呢！"车尔尼心想。他摆出理由拒绝他们这对儿从乡下来的人，说自己没有时间再教更多的学生了，可怜的父亲请求了半天，才得到许可弹上一首曲子。

　　"到处都是毛病！"车尔尼哼着嘴说，弗朗兹红着脸看着父亲不好意思地低着头，当父子二人离开房间好远时，传来车尔尼的声音："明天早上来上课。"

　　车尔尼刚出道时，在维也纳也是个相当有名气的钢琴家，他很荣幸地成为贝多芬的学生，只是，当时在维也纳人们喜欢华丽、夸张的演奏，这样性格内向的车尔尼的表演也就全部都被否定掉了。不与世俗争锋的他，便开始了写作与教授。作为一名优秀的钢琴师，前来向他求教的学生很多，不过，今天的这位，实在有些特别。李斯特父子刚走，车尔尼便在日记本上写下了这样一篇热情洋溢的日记：

"他是一个苍白的、看上去很羸弱的孩子。他在琴凳上摇摆，像是醉了酒似的，我甚至害怕他可能会掉下来。他的演奏相当无节制，含糊而混乱，对指法几乎毫无概念，以致他把手指都乱扔在琴键上。然而，我又非常为上帝赋予他的才能所惊奇。我放在他面前的作品，他总是看着试奏，完全出于本能，而且表现得比该有的更多，……上帝在这里造就了一位钢琴家！在父亲的请求下，我给了他一个主题即兴演奏，这时他也演奏得一样好，虽然他没有丝毫的和声知识，但是，在他的演奏中常常散发出天才的光彩。"

车尔尼的确很严厉，但他也确实是位好老师。比如，他一眼就看出了李斯特问题：缺少规矩，太散漫。弗朗兹出生在匈牙利的村庄里，那里常有一些流浪的吉卜赛人，他们放荡不羁的性格造就了他喜欢幻想、渴求自由、不愿受拘束的个性。像从沙子里淘金一样，车尔尼发现了李斯特的演奏天赋。他给他立下学习的规矩，让他每天练习克莱门蒂的钢琴曲。那里面有将近百首囊括各种演奏技巧的小曲，若是能够克服它们，就基本不存在弹奏的困难了。

几位匈牙利贵族赞助他的钱很难维持李斯特父子在维也纳的开销，只得节衣缩食的满足日常开销。后来，车尔尼仁慈地免了他的学费。老师给他带来可不止这些，甚至还包括公开演奏的机会。

1822年12月1日，11岁的李斯特在维也纳国会音乐会上首次亮相。车尔尼老师的心血没有白费，李斯特的音乐轰动了整个维也纳。当时的《阿格梅农报》上评论着：

"……他好像是从天上降临下来一样，引起了人们最大的称赞。鉴于他的年龄，他给观众的东西简直令人难以置信。人们甚至不理解，这在肉体上是怎么可能的。他能演奏胡梅尔难度极大的作品，特别是最后那段响雷般的乐段，简直是奇迹。据说他能按照乐谱演奏任何作品，在识谱方面具有特殊的才能。愿波希米亚保护这稚嫩的幼苗，使其免遭险恶风暴的摧残，得到健康地成长。"

巴黎的冷遇

在维也纳住了一年半后，父亲为了儿子的教育，又亲自陪他到巴黎。他到了巴黎，想把李斯特送入巴黎音乐院。当时音乐院的院长是凯鲁比尼，这人非常顽固，知道李斯特是外国人，竟不容他入院。

——摘自丰子恺《近世西洋十大音乐家故事》·李斯特

自上次在维也纳音乐会亮相的4个月后的第二次音乐会，对李斯特来说，是个终生难忘的日子。那次音乐会，贝多芬也出席了。人们看到他走上舞台，在李斯特演奏完后，吻了吻他的额头。这神圣的一吻像盏灯一样点燃了李斯特的心。

揣着车尔尼老师的推荐信，李斯特父子又辗转来到了巴黎，走进巴黎音乐学院这座艺术殿堂。父子二人都希望，能进入这所著名的音乐学院，接受正规的音乐教育。可是院长凯鲁比尼却拒绝了他的入学申请。理由很简单：李斯特不是法国人。

这让李斯特父子大受打击。要知道，凯鲁比尼自己都不是法国人。在维也纳的一年里，车尔尼老师将自己能够教的都教给了弗朗兹，然后就果断地给他结了课，让他去巴黎深造去了。可没想到会被这样拒绝。

在他和父亲来到巴黎前，曾回了一趟祖国匈牙利。以音乐会的形式，他们郑重地向祖国告别，还在演出海报上写着这样一段诚挚的话：

"我是匈牙利人，在我即将赴法国和英国之前，我怀着依恋和感激之情为能在祖国演出，汇报我初学的成绩而感到无比的幸福。我还没能达到中学毕业水平，但我将用持续的勤奋来获得它，以求有朝一日能达到幸运的境界——成为亲爱的祖国的光荣树上的一根枝丫。"

弗朗兹·李斯特

祖国也给了这个可爱的孩子热烈的鼓励。匈牙利《国内外通讯》记者这样热情地写道：

"上星期四，一个罕见的现象吸引了我们。在'七酋长'饭店大厅里举行的钢琴晚会上，有一个肖普朗州的11岁小男孩弗朗兹·李斯特，他的钢琴演奏才华使我们完全倾倒。那些把支持国人的努力当作荣耀的事业的大人物、布达和佩斯的崇拜者以及两城的精英显贵都出席了。这个漂亮的金发男孩，显示出机敏、轻松、准确、适当的力度和艺术家的手法。他用美妙而令人眩晕的演奏充实了这次高贵的聚会。他杰出的演奏给人们增添了愉快的希望：这孩子在他的艺术生涯中将为我们祖国带来巨大的光荣。我们祝这个美丽的灵魂健康成长，在他赴英、法前夕，祖国的祝福是对他的预先褒奖。在那里，他一定会为匈牙利人民的才智赢得尊荣。"

可想而知，李斯特父子在来到巴黎后有多失望。面对凯鲁比尼那张冰冷的脸，弗朗兹仿佛掉进了冰窖。幸好这时，一个仁慈的老人向他伸出了援助之手，享誉欧洲的钢琴制造商埃拉尔德。他把李斯特迎进了自己家，给他准备了宽敞的房间和崭新的钢琴，甚至还给他请了作曲老师——帕埃尔。这个典型的意大利人，让李斯特也跟着爱上了歌剧。

一步一步地慢慢地航进，李斯特终于在巴黎迎来了第一个灿烂的春天。1824年3月7日，李斯特在巴黎举行的首演大获成功。这个几个月前还在巴黎音乐学院门口遭受冷遇的孩子，现在终于在胜利的光辉中溶解了。巴黎《白旗》杂志评论员兴奋地写道：

"从昨天的音乐之后，我脑中好像又看见了灵魂转世。我坚信莫扎特的灵魂和思想已经转移到弗朗兹·李斯特的肉体中了。……"

父亲去世后

千八百二十七年八月，李斯特的护星——他的父亲——在美尔地方忽然生起病来，不久竟拾弃了他的爱儿而长逝。丧父以后的李斯特，悲哀逾常。

——摘自丰子恺《近世西洋十大音乐家故事》·李斯特

在巴黎的演奏会开始了李斯特的演奏生涯。来自法国、英国各大城市的邀请信不断飞来。小弗朗茨在迅速地成长，并且开始频繁地在欧洲举行音乐会。马赛、里昂、尼姆和波多尔，所到之处到处都是赞美声。

李斯特是天生的钢琴演奏家，他的手指条件相当好，车尔尼老师给他的种种训练，使他的手对付任何困难都如鱼得水般轻松。然而，出了名的人的日子可不像常人那般好过，身不由己便是很重要的一点。旅行演出、创作、社交活动占据了父子二人全部的精力，来自欧洲各大城市的演出合同牵着这父子二人到处奔波。

1827年8月，疲惫的李斯特父子结束了第三次英国之行，回到他们在法国的住所。此时他们正打算好好休息一段时间，可在这个时候，发生了让人悲痛的意外。父亲亚当的身体在长年累月的旅行中每况愈下，为了李斯特，他耗费了太多的心血，现在终于一病不起了。

父亲死后，李斯特一下子陷入迷茫中，不知该何去何从。他写道：

"当死亡抢走了父亲……而我又开始认真思考艺术可能是什么，艺术家必须如何时，我就觉得自己被种种不可能压得喘不过气来，并且阻断了我的理性指引我的最好途径。现在，我听不到任何让我产生共鸣的声音，不论是那些自满的社会精英，还是那些浑浑噩噩的艺术家，皆不了解我心中的艺术目标，也不能体会我所感受到的力量。我对艺术的反感油然而生：艺术不过是一项赚钱的手艺，提供上流社会某种形式的娱乐罢了。我一点也不愿意当一个受人豢养的音乐家，像个魔术师或是训练有素的狗受到保护和得到薪水。"

失去亲人的痛苦，让他陷入阴郁和愤世嫉俗的情绪深渊里，甚至登出了如"弗朗兹·李斯特，1811年10月22日生，1828年逝于巴黎"这样的讣告。

虽然此时的李斯特已不像往昔那样，对音乐那样热情，但为了谋生，他在巴黎开始以教授钢琴为生。此时，他爱上了向他学琴的贵族小姐。小姐的父亲得知后，马上阻止了这桩爱情，并在几个月后把女儿嫁给了门当户对的一位外省伯爵。年轻的、轻狂的李斯特的心受到重创，自尊心受到很大的打击。门户的偏见，让李斯特对于当时音乐家的地位有了更深刻的领悟。他对未来深感迷茫，直到1831年帕格尼尼的到来。

帕格尼尼来到巴黎，用他魔鬼般的双手将音乐演奏到巅峰。大师的演奏仿佛是在说话，"他成了艺术的主祭，用温暖的字眼来保证生命与意义，用他的唇向人们揭示艺术的秘密。"终于，在父亲去世后，在恋人离开后，李斯特在帕格尼尼身上找到了自己的未来：

"他是被招来让情感说话、悲泣、歌唱、叹息，它们带给情感丰富的生命。他创造了热情，用热情来照亮一切。他把生命的气息吹进无生命的小提琴内，用火点燃，以魅力和优雅的脉动让它活转过来。他把这尘世的乐器形体变成活的，用普罗米修斯从宙斯那里偷来的火花吹出熊熊火焰。他会把创造的形体高翔在透明的太空中，用一种有翅膀的武器来捍卫，还招来香气与花朵，领受着生命的气息。"

偶像的力量

千八百三十一年，李斯特在巴黎听到帕格尼尼的小提琴演奏，
非常感激，自己决心要做钢琴上的帕格尼尼，从此更加奋发用功。
他这誓愿终于达到目的。自来音乐技巧上最神妙，在小提琴上莫如
帕格尼尼；在钢琴上莫如李斯特。

——摘自丰子恺《近世西洋十大音乐家故事》·李斯特

李斯特永远也忘不了1831年帕格尼尼在巴黎歌剧院的演奏。小提琴声像
一阵旋风般向观众席上掠过，吹响了无数的小铜铃。他被帕格尼尼那双魔手
给征服了。帕格尼尼的音乐不仅有着让人难以逾越的技巧，还向人们展现出
无限美好的内涵。他告诉人们，艺术是没有界限的，是不能停止的，必须创
造新的世界。李斯特想起以前那些对自己的赞扬和动听的评价，对比了不起
的帕格尼尼，觉着自己是那样的渺小可怜。

以前，李斯特一直觉得自己的钢琴水平很了不起，现在他发现原来自己
对音乐的理解是很肤浅的。就像一堆燃烧的篝火，帕格尼尼的音乐会让李斯特
重新燃起斗志，决心烧掉他过去的一切，重获新生，成为钢琴上的帕格尼尼。

他为自己的梦想，开始了日复一日的工作，没日没夜地努力着。他心
想，帕格尼尼在小提琴上能做到的，自己在钢琴上也一定能做到。只要能想
到，就一定能做到。他甚至还对自己所学的也产生怀疑：难道钢琴不能有更
宽广的音域吗？不能有更富有表现力吗？钢琴只能发出温和纤细的声音而不
能弹出轰鸣之声吗？

他对这些能够想到的创新一项一项地开拓着，又一项一项地否定着。他
苦练钢琴的各种新的表现力，赋予新的技巧以生命力。他坚信，艺术没有止
境，只有不断创新，才有成功。这段创造与练习的时间，他是辛苦的。从他

写给学生兼朋友彼得·沃尔夫的一封封信中便可以看出：

"我的精神和我的手指在不断工作。荷马史诗、圣经、柏拉图、洛克、拜伦、雨果、拉马丁、夏托勃里安、贝多芬、巴赫、洪梅尔、莫扎特，都在我的身边，我学习他们，向他们苦思冥想，对他们狼吞虎咽；此外，我每天练习四至五个小时：三度、六度、八度、颤音、轮指、终止式等等。只要我没有发疯，你下次回来的时候，会发现我成了一个艺术家！是的，一个你所期望的艺术家，正是今天的音乐所需要的艺术家！"

······

"我也是画家！当米开朗基罗第一次看到一张好画时就曾这样叫喊。自从听过帕格尼尼的音乐之后，你渺小而可怜的朋友经常重复这个伟大人物的话。他真是了不起的人，了不起的小提琴家，了不起的艺术家！我的上帝，在这四根琴弦里，隐藏着多少激情、苦难和折磨啊！"

······

"我的好朋友，我是在发狂的冲动中写下最后几行的：过累的工作，经常的熬夜和无穷的愿望使我可怜的头像火烧一样痛，我从右到左，从左到右，来回折腾、唱歌、朗诵、演讲、大叫，总之，我发疯了。今天，灵魂和肉体稍微正常了些，不过灵魂的火山并没有熄灭，它只是隐藏在地壳下。"

努力虽辛苦，但这让李斯特收获了丰硕的果实。在他手中，钢琴像小提琴在帕格尼尼手中那样，成为一件具有无限表现力的"万能乐器"，能够演奏一切美妙的音乐。李斯特将钢琴演奏发展到了一个新的台阶，他改编帕格尼尼和柏辽兹的钢琴曲，引入大量前所未有的新技巧，比如准确的大跳；双手八度交错半音的快速上下行（他称此为"李斯特八度"）；别致地拨奏，三、六度的滑奏，巧妙细致的踏板等等。他弹奏出的钢琴曲的音乐效果甚至比一支庞大的乐队还有独到之处，无论哪场音乐会都会博得雷鸣般的掌声。李斯特终于超越了曾经的那个自己，成了钢琴上的帕格尼尼，也将钢琴的演奏艺术带入了一个新天地。

与玛丽相恋

> 达哥尔伯爵夫人比李斯特年长六岁，不但是一个美人，又是在当时文坛上有盛名的一个女流文学家。李斯特对这女人发生了恋爱。他为她离去巴黎，移居日内瓦，一直逗留至千八百三十六年。
>
> ——摘自丰子恺《近世西洋十大音乐家故事》·李斯特

经过多年在幕后默默地努力，李斯特又开始了他的演奏家生涯。他变得比以前更成熟，也更迷人了。留着与众不同的长发，在音乐会将钢琴的美妙展现得淋漓尽致。众多报刊杂志争相报道他，崇拜者们在音乐会上表现出一种近乎歇斯底里的疯狂。20出头的李斯特成为巴黎最光彩的人物。而他那高大英俊的身姿、文雅安逸的举止，更是把巴黎上流社会的贵族名媛们给迷得不行。就在这个时候，经过柏辽兹的介绍，李斯特出席了一位名叫玛丽·达戈尔的伯爵夫人所举办的家庭晚会。

玛丽夫人可是巴黎社交界的名人、作家。她举办的家庭聚会上聚集的都是文化名人和富商权贵。巴尔扎克、柏辽兹、德拉克洛瓦、肖邦、乔治·桑以及著名的拉门内神父等，都是这里的常客。而这里的主人，玛丽夫人，被誉为巴黎最美丽、最风趣和最聪明的女人。她受过很好的教育，非常有文化修养，还懂多国语言。

尽管李斯特见过很多很漂亮的女人，但时年28岁的玛丽夫人所具有的成年女人的风韵，还是深深地吸引了他。对李斯特来讲，玛丽夫人不仅漂亮，而且才思敏捷。而玛丽则对李斯特的音乐才华崇拜不已。她在自己所著述的一本书中，这样描绘她对李斯特的初次印象：

"他闪烁的双眼，他的举止，他的微笑，一会儿深不可测，充满无限柔情，一会儿又露出挖苦嘲讽的意味。这一切都在向我发出委婉的暗示……他那修长的身材，他那苍白的面容，他那优美的脸部轮廓和他那飘动的长发，就像一个马上要被召回到阴间去的幽灵。"

两个人情投意合，很快便坠入爱河。

1833年的冬天，玛丽夫人毅然抛弃原来富裕的生活和比她年长23岁的丈夫，与李斯特一起，重建新的家庭。两个人一起，奔赴瑞士。他们之间的关系持续了9年。

在和玛丽夫人一起在瑞士生活的那些日子里，是他人生中最平静的一段时光。自从来到巴黎，他一直过着紧张的生活，每天除了练琴就是开音乐会。现在，他终于在瑞士找到了一片寂静，和玛丽一起，过着悠闲惬意的生活。李斯特那时时常独身爬到很高的山上，眺望远方的崇山峻岭，享受森林里的新鲜空气，欣赏明亮如镜的山湖。在这里，他还创作了两部钢琴协奏曲，并构思了一些其他的钢琴作品，如《巡礼舞》《教堂钟声》《奥贝曼山谷》《退尔教堂》等。

之后的几年里，他和玛丽有了三个孩子，做了父亲的他满足地沉浸在这一片幸福的喜悦和寂静祥和的环境之中。

新星的挑战

当时维也纳有一个有名的钢琴大家，名叫泰尔伯格。这人于千八百三十六年来巴黎。于是巴黎的爱好者就分了两派，名为李斯特派和与泰尔伯格派。两派互相争论。

——摘自丰子恺《近世西洋十大音乐家故事》·李斯特

正在李斯特和玛丽享受着这田园诗般的生活时，一个人的出现打破了他平静的生活。他是与李斯特同岁的奥地利人西吉斯门德·泰尔伯格。最近巴黎各报纸都在争先恐后地报道他，说他是一个神奇的钢琴演奏家，他的琴声能使人忘记一切。甚至有报社记者评价说，他的琴声可以使人觉得过去任何一个弹过钢琴的人都是多余的。人们对他满是赞誉之词，来拜访李斯特的朋友也这样评价：

"泰尔伯格高雅无比，他不怕任何技术上和音乐上的困难。"

"在他的手指下，钢琴变了，变成了神奇的竖琴，那美妙的声音使听众飞向神话世界，使他们得到了最难得的艺术享受：连绵不断的纯洁悦耳的声音。"

这些消息和话语像炸弹，让李斯特的心翻起层层巨浪。在此之后的日子里，他满脑子里想的都是泰尔伯格。这个初来乍到的新星，让李斯特很是焦躁。想到自己十几年来呕心沥血所创造的那些综合各家之长、超越时代的演奏艺术和音乐风格就要被一个突如其来的后起之秀甩在后面，李斯特心里面很不服气。

1836年3月，在玛丽的鼓励下，李斯特离开瑞士重返巴黎，想要与人称"三只手"的泰尔伯格一决高低，只可惜泰尔伯格此时已经离开了巴黎，比赛未能如愿举行。然而有关这两位艺术家谁更高明、谁更伟大的争论却在音乐评论界刮起了一阵旋风，整个巴黎都为之沸腾，人们都急切地想要看到谁会在这场"音乐决斗"中胜出。

到了1837年初，巴黎人们的愿望终于实现了。两位音乐家分别举行了很多场独奏会，来显示自己的实力。有时，他们两个人甚至会同台演出，表演同一个曲目。可是连着两个月过去了，依然是实力相当，难分高低。人们难以分辨他们谁更优秀，只好这样评价他们：泰尔伯格天下第一，李斯特举世无双。

直到1837年3月底举办的一场援助意大利难民的义演音乐会，才最终决定了他们二人的胜负。那场音乐会由六位大师：泰尔伯格、李斯特、埃尔茨、皮格西斯、肖邦和卡尔·车尔尼同台演奏贝利尼的《清教徒进行曲》。这次演奏，李斯特将自己多年来研究的演奏艺术全部都展现了出来，他辉煌的演奏技巧和热情的风格，重新赢得了观众的尊重。他巧妙地引用了泰尔伯格的那些被评论界宣扬为"新的"实际却是过时的方法，他还自然地融合了同台演奏的其他音乐家们的所有优点，比如老师车尔尼的严谨之风，肖邦的幻想色彩，埃尔茨和皮格西斯的自然娴熟等等。最后，在观众不绝的掌声和欢呼声中结束了全曲。

这次音乐会李斯特再次向巴黎人民，以及所有了解音乐的人，证明了自己的音乐才华。别的音乐家能做到的他能做到，别的音乐家做不到的他也能做到。李斯特最终确定了自己在钢琴演奏上无人能及的地位，被人们授予"钢琴之王"的美称。

重回匈牙利

关于李斯特的演奏旅行，相传有很多轶事。

——摘自丰子恺《近世西洋十大音乐家故事》·李斯特

自从和泰尔伯格那场马拉松式的音乐比赛之后，李斯特又开始过着和以前一样有规律的生活：他上午工作，然后到外面散散步，午饭过后再找家咖啡馆，一边品咖啡，一边作曲。这清闲而宁静的生活，仿佛又回到在瑞士的那段时光一般。

不过，当他从报纸上看到一则有关匈牙利佩斯城的新闻时，口中的卡布奇诺咖啡就全被喷出来了。大大的字体赫然地写着：

"1838年3月13日，多瑙河泛滥，匈牙利佩斯城被冲毁！"

"匈牙利""佩斯"，它们像在心中隐藏了许久的炸弹，此时全部爆炸开来。这是祖国的呼唤啊！自从年幼时离开匈牙利，到巴黎求学，后来又和玛丽夫人一起辗转去了瑞士、意大利，李斯特几乎没怎么回过国。现在听说祖国有了灾难，李斯特感到心头在真真切切地痛。多年来，他不曾想到的这片国土，现在遇到灾难了。他眼前仿佛出现了幻觉，看到父亲曾经温和地拉着他的小手走在多瑙河畔，给他讲：东岸是布达，西岸是佩斯……

童年的情景历历在目，父亲的话也越来越清晰。被多瑙河冲毁了？我的家乡？那美丽的城市怎么样了？不可遏制的思乡之情在他的心中油然升起。一种不可抗拒的力量推着他，让他去援助那些不幸的难民。李斯特下定决心，要为祖国捐款，尽自己作为匈牙利人的责任，用他这灵巧的双手。在一封寄往巴黎《音乐报》的信上，李斯特充满激情地写道：

"经过这次的骚乱和情感波动，我才知晓了'我的祖国'的含义……哦！我荒芜而又遥远的祖国！哦！我不认识的朋友们！哦！我幅员辽阔的家园！你痛苦的喊叫将我又带回你的身边。我低低地垂下我的头，对我忘却你如此长久感到羞愧……我将于7月（1838年4月）启程去维也纳。我希望在那里举行两场音乐会：一场为我的同胞募捐，另一场结清我的旅费。然后，我要独步旅行，肩负背包，走遍匈牙利最偏僻的角落。"

经过几个星期颠簸的旅途，1838年12月，李斯特终于回到了匈牙利。匈牙利给予了李斯特最隆重的欢迎：当他到达首都波若尼时，国会正在举行会议。听说李斯特回到了祖国，议员们立刻中断了会议，组织了一个贵族代表团去船码头迎接他。他们都是当时匈牙利最显赫的世家，像迎接帝王一样迎接了他。人们向他欢呼，争着和他握手。妇女儿童向他献花，军官士兵向他致敬，群众为他举行游行。

匈牙利还为他举行了专场音乐会，唱出祖国对他的爱戴：

还在你童年的时候，命运的冷酷之手就已使你惆怅。

走吧，走吧，你没有祖国。

它无情地把你推向异乡。

艺术的光荣之翼，把你送到神奇的地方，

这是伟大的精神王国，也就是你的故乡。

生活不断地引诱你，

荣誉把你带上了最高最高的地方，

你终于又回到了祖国，

虽然这里生活贫困、肮脏，

但是人们的良心纯洁忠厚，

热情的欢迎使你永世难忘。

戴上你的桂冠，像骑士一样斩棘开荒，

你是高贵、忠实、伟大的艺术家，

李斯特，祖国的骄傲，祝你幸福寿长！

看着匈牙利人民朴实的脸，李斯特仿佛又回到了童年，恍惚觉得父亲也在他们中间。在祖国的日子里，李斯特的音乐会几乎成了与"国家大事"一样重要的事。曾经，1823年，当他还是个孩子的时候，曾经为奔赴巴黎学习，而回国做了汇报演出，祖国的同胞们为他祈祷。他们祈求上帝保佑这颗嫩苗茁壮成长，让他的音乐才华得以发扬。而现在，当他有所成就时，确实也到了该回报祖国的时候了。他认识到一位音乐家的责任不只是开一场演奏会，而是要使民族的音乐焕发出应有的光芒。他要把祖国的音乐带到世界各地去，让所有人都知道匈牙利人民的聪明智慧。

十年巡演

李斯特的旅行演奏，此后更加频频地举行。各处报纸上有他的演奏会的消息。有的人把他当作漫画的材料，有的人极口赞赏，又有的人对他的名誉抱妒忌之心。总之，他的演奏到处引起特别的反响。

——摘自丰子恺《近世西洋十大音乐家故事》·李斯特

带着色彩鲜艳的民族服装，带着到处采风收集好的民歌集子，还有祖国赐予他的荣誉，李斯特离开了祖国。他的行李箱里装得满满的，心中充盈着对祖国的爱，背着肩上的使命，李斯特开始了将近10年的巡演。他想着，要将自己和祖国的光荣连在一起，担负其对祖国艺术事业作贡献的责任和义务。

在这之后，以祖国作为起始地，李斯特开始了将近10年的巡演生涯。他用音乐去宣扬他的民族，让世界了解他的民族。德国、意大利、法兰西、英格兰、西班牙、土耳其、俄罗斯，在这近10年的时间里，李斯特开了1000多场个人音乐会、也演奏了近千首作品。他创作改编名人的作品，比如舒伯特的歌曲；贝多芬、莫扎特、海顿等人的交响乐。此外还积极地向公众推荐那些还未出名的音乐家的作品。他的音乐会为公众营造了一种绚丽多彩的音乐世界。巴赫、贝多芬、莫扎特、海顿、瓦格纳、舒曼、威尔第、门德尔松……，李斯特把他们的音符特点全部都蕴藏在他的钢琴演奏中。

李斯特的音乐充满激情，内涵深刻，不仅可以使人们感受到音乐上的享受，还会唤起人内心的智慧之光。他的音乐直接冲击着听众们的内心。而这位"钢琴之王"，他的演奏会，所到之处无不受到观众热情的欢迎，待遇好似王公贵族一般。他到了英国，有维多利亚女王请他去别墅度假；到了丹麦，有国王授予他最高的勋章；到了柏林，有著名雕塑家拉乌克为他雕像，荣誉像流水般向他袭来。

虽然旅行演出给李斯特带来了巨大的荣誉，但在这其中也夹杂着不少不怀好意的诽谤和挖苦。因为李斯特高超的音乐才华和个人魅力，他身边总是围绕着许多王公贵族和社会名媛。这让很多人嫉妒不已。他的朋友们要么不理解他，要么远离他，甚至有的还背叛他、攻击他，

恶毒的评论家认为，李斯特能够成功，主要是因为他长得漂亮，英俊潇洒。还有的评论家在报纸上这样评价："李斯特为了使他的音乐会达到一种轰动效果，专门买通一些女人，让她们在音乐会上假装因过分激动、感动而从椅子上晕倒在地。"

甚至还有些报纸这样攻击他："他变成一些人的偶像，有些人为他举行火炬游行，演唱小夜曲，女人跪在面前吻他的手，有几个疯子还在自己的衣服和手套上绣上他的头像，人们简直是失去了自己的清醒理智！……在他每

次演出后的剧场里，工人们不得不花几天的时间用抽水机抽干那些女人们流下的泪。"

而李斯特呢？他并没有仇恨地去反击他们，而是宽恕那些恶毒的言语。他认为，艺术最高的境界是"博爱"。尽管受到这样粗暴无理的侮辱和毫无理由的责难，他仍然坚持自己的基本原则，善待所有不理解自己的人。李斯特的光芒，既是外在的英俊潇洒，也是内在的心胸开阔。

卡洛琳公主

> 李斯特经过了长年的演奏旅行之后，颇感奔走之劳。故千八百四十八年到了魏玛以后，就停止演奏旅行，而悉心作曲了。魏玛的滞在，继续至十年之久。这期间是李斯特生活最光荣、收获最丰富的时代。
>
> ——摘自丰子恺《近世西洋十大音乐家故事》·李斯特

李斯特是个多情的人。他与玛丽夫人之间，最终还是因为有着不可逾越的代沟而分了手。玛丽夫人是一个法国人，当李斯特回匈牙利时，她对爱人的突然离去非常不解，对他对自己祖国的感情也不能理解。思想上的代沟让他们心灵上的距离越来越远，随之而来的便是无休止的争吵。最终，两个人还是分了手。

他开始自己的巡演生涯，到1847年1月，来到俄国。一路演出，最后来到基辅。就在演奏会开始前，李斯特的助手给他带来了一个惊人的消息：有一位名叫卡洛琳的女公爵花了一千卢布来听音乐会，是贵宾席票价的一百倍。而等到演出正式开始，李斯特见到卡洛琳本人时，就被她所深深地吸引了。

卡罗琳·莎依·维特根斯坦公主是波兰人，十六岁时被父母嫁到俄国，成为沙皇宫中的宠臣、德国贵族后裔维特根斯坦公爵的妻子。她继承了父母给她留下的三万农奴和大片土地，但和公爵的生活并不幸福，他们在一起形如陌人。年仅28岁的卡洛琳是个了不起的女人，她不仅学识渊博，有着非凡的洞察力和极高的文学艺术修养，更是个天性仁慈的人，经常帮助那些缺吃少穿的农奴。她身上所散发出来的高雅的举止和让人无法抗拒的力量，让李斯特着了迷。

而卡洛琳这位才华横溢的女人，从李斯特身上也终于得到了爱情的滋润。他们二人通过热情的书信，开始了正式的交往。他们的爱充满理解与敬佩，像被打得通红的铁，溅起一束束思想的火花。李斯特在给朋友的一封信上这样提及卡洛琳：

"为了同卡洛琳公主谈几个小时的话，我愿意多走成百上千公里的路。"

而卡洛琳为了李斯特，放弃了自己荣华富贵的生活和地位，和李斯特一起到魏玛的郊区别墅开始了他们的新生活。在这10年漂泊不定的巡演生涯中，李斯特的心底早就有了一种厌烦的感觉。他内心孤独，又很疲惫，可是总有不断的演出合同拉扯着他，让他无法挣脱，只能一次又一次地鼓起干劲，举行一次次演奏会。从南到北，从西到东，他的车轮几乎碾遍了整个欧洲。他的心早就很累了，从心底渴望能有一个温暖的归宿。现在卡洛琳的出现，终于将他的梦想实现了。

卡洛琳公主陪伴李斯特，一直走到他生命的尽头。然而，让李斯特终生遗憾的是，俄国沙皇无论如何也不批准卡洛琳公主离婚，她的丈夫维特根斯坦公爵也不同意离婚，并且还企图抢夺她的巨额财产。李斯特在人生的后39年中，一直在为与卡洛琳结为正式夫妻而努力，但却未能如愿。他在自己的遗愿中写着：

"我所有的欢乐都得自她，我所有的痛苦也总能在她那儿找到慰藉。"

"无论我做了什么有益的事，都必须归功于我如此热望能用妻子这个甜蜜的名字称呼她——卡洛琳·维特根斯坦公爵夫人。"

瓦格纳

（1813年5月22日—1883年2月13日）

只有强有力的人才懂得爱，只有爱才能把握美，只有爱才能形成艺术。

　　威廉·理查德·瓦格纳（Wilhelm Richard Wagner，），德国歌剧作曲家，同时还是一位诗人，把诗歌和音乐有机结合，形成他自称的音乐戏剧。他是德国歌剧史上一位举足轻重的人物，前承莫扎特、贝多芬的歌剧传统，后启了后浪漫主义歌剧作曲潮流。同时，因为在政治、宗教方面思想的复杂性，使他成为欧洲音乐史上最具争议的人物。

两个父亲

乐剧建设者瓦格纳于百年前即千八百十三年五月二十二日生于德国的莱比锡。他的父亲是一个警察局的书记，对于演剧有狂热的爱好。母亲也有同样的趣味。但是瓦格纳生后半年，父亲就染了传染病而死。

——摘自丰子恺《近世西洋十大音乐家故事》·瓦格纳

莱比锡的1813年，是非常血腥的一年。自从拿破仑开始站在欧洲政治舞台之上，便开始运用政治、军事等手腕对欧洲各国进行施压，以使其成为法国附属国。欧洲各国为了壮大力量，维护自己的利益，便联合起来一同对抗拿破仑。他们自1812年法国对俄战争失败后，形成自己的反法同盟。奥地利成功地说服莱茵邦联的大部分会员国参加反法同盟，双方于1813年10月16日在莱比锡城外展开了一场血战。

这场战争是拿破仑所发起的最血腥、最关键的战役之一。战前战后共持续了三天之久，从城外一直打到城内，最后波及城市本身，大小街道上到处都堆满了死伤的士兵。最后，拿破仑在寡不敌众的情况下，被迫退守莱茵河。由于此次战争伤亡较大，莱比锡的医院无法容纳所有的伤病患者，疫病很快蔓延整个城市，数千市民死于随后爆发的斑疹伤寒。

在这些牺牲者中，有一位名为弗里德里希·瓦格纳的人。他是莱比锡警察总局的登录员，自从感染了疫病便高烧不退，最终留下妻子和七个子女离开了世界。那其中最小的孩子只有六个月大，那年8月刚受完洗，取名理查德·威廉·瓦格纳，也就是本故事的主人公。

这个尚在襁褓中的小孩，于1813年5月22日诞生于莱比锡鲁尔街一栋名为"红白狮子居"的住宅中。虽然家族里从未出过任何与音乐沾边的天才，但是他父亲却对剧场非常热心。他尚在世时，在莱比锡的社交圈里也颇受欢迎。基于对戏剧的兴趣，他认识了一位集演员、画家和诗人才华于一身的年轻人路德维希·盖尔，两个人交情甚好。他们仿佛有聊不完的话题，经常聚在一起，而盖尔也常去瓦格纳家中做客。瓦格纳太太约翰娜和他的关系也很好，并为丈夫有这样的好朋友感到高兴。

可是自从丈夫去世后，瓦格纳夫人约翰娜就要一个人担负起抚养七个孩子的重担。盖尔实在不忍心看她一个人这样辛苦地带孩子，便和她一起照顾他们。盖尔风趣幽默又满富才华，孩子们都非常喜欢他。大家在一起感情越来越深，终于在一年后，为了让孩子们有一个正常的家庭环境，约翰娜和恩人盖尔结了婚，一家人又过上了新的幸福的生活。而理查德·威廉·瓦格纳也有了新名字——理查德·盖尔。

小戏剧痴

母亲领了七个孤儿——瓦格纳是末子——再嫁与一个名叫盖尔的人。这人是一个演员，又是剧作家，兼肖像画工，生活很富裕。他在德累斯顿的宫廷剧场里得到了职务。就把全家迁居德累斯顿。瓦格纳的运命真不好，八岁的时候，这继父盖尔又死去。

这继父对瓦格纳非常爱惜，同亲生父一样。他想教他学做画家。然瓦格纳缺乏绘画才能，而酷嗜音乐，每天只是玩弄钢琴，与舒曼学法律的时候同一状态。

——摘自丰子恺《近世西洋十大音乐家故事》·瓦格纳

盖尔和约翰娜结婚以后，就举家一起搬到了德累斯顿。孩子们的新爸爸是个有能力的人，不仅在那里从事剧院工作，还是当地有名的萨克森贵族家很受欢迎的人像画家。盖尔非常疼爱这些孩子，尤其是最年幼的理查德，每次去剧场工作的时候都要带着他。

整日跟着继父泡在剧场的理查德一天天地长大，现在他已经可以背着书包去学校念书了。虽然学习成绩一般，但他受父亲的影响，痴迷于戏剧。他喜欢以一个幕后常客的身份进入剧院中，听着从舞台上传来的一声声欢呼喝彩，在化妆间里往脸上涂涂抹抹。印象最深刻的是有一次他扮演一个天使：

"在因撒克逊邦的国王监禁获释而排演的一出戏剧中，配乐演奏由唱经班卡尔·韦伯完成，我身穿背上带有翅膀的紧身衣，扮演一个天使。在这场鲜活的戏剧里，我塑造了一个难以把握和保持住的优美的姿势。"

盖尔也经常带着几个孩子在家中排演戏剧，让孩子们扮演其中的角色。而有时，孩子们为了讨父母开心，会聚在一起秘密地组织排演。理查德模仿能力很强，总是逗得全家人哈哈大笑。比如那次他扮演的在凯旋车前唱歌的孩子，就滑稽得不行。这个家里的"活宝"鬼点子极多：

"我想给家人一个意外的惊喜，上演一场精彩的演出，于是我极其笨拙地雕刻出各种各样的玩具娃娃。我给他们穿上从姐姐那偷来的旧布衣服。然后，我负责编写一部中世纪的戏剧，打算教会我的木偶们如何来饰演剧中的角色。"

他调皮捣蛋，又充满想象力。在他看来自己的房间就是剧院，而房间里的物品、家具都是舞台上的重要人物。每逢夜幕降临，窗外传来沙沙的风声，他还没有睡着时，他的想象就填满了整个房间。你看，那边，高高大大的衣柜，是国王殿下；盖着碎花布的老式细脚桌，是王后；卷动着、飘来飘去的白纱窗帘，则是他们的小女儿——白雪公主……白雪公主最喜欢穿着白裙子在舞会上跳舞，今天她又是宴会上的主角……白色飘飘裙，公主在跳舞……跳舞……

这就是童年的理查德，毫无疑问的，终有一天，他将会把他所幻想的这些全部都正式搬到舞台上。

新的偶像

千八百二十二年，他开始正式受教育。然而母亲的生活很困苦，难于担负他的学费。教他用理查德·盖尔的名字，免费入十字学校肄业。

……

有一次他在莱比锡的音乐会中听到了贝多芬的音乐，心中非常感动。从此他决心做音乐家了。

——摘自丰子恺《近世西洋十大音乐家故事》·瓦格纳

令查理德伤心的是，他那个多才多艺的父亲在他8岁时就去世了。那个秋天，他从学校走了八英里路回到德累斯顿，为了见父亲最后一面。

"亲爱的孩子，弹点什么吧，让你父亲在临走前快乐些。"那时理查德在自学钢琴，母亲便让他在隔壁房间弹点东西，好让父亲宽心。叮叮咚咚的琴声虽然听起来还不是很成熟，但已经有了一定的驾驭能力。这让垂死的父亲很高兴。他欣慰地跟母亲说："你说，他会不会有音乐上的天赋呢？"

……

瓦格纳的继父去世了，他恢复以前的姓氏，跟着母亲一起去了克罗依茨，在那里，他开始了正式的就学。他是个任性的学生，爬树、恶作剧，无事不做，而且只要是不喜欢的课，例如数学，就一点都不学。不过，他却很喜欢这所学校。因为这学校的课程以古典文学为主，希腊文与拉丁文、索福克勒斯的古希腊悲剧、莎士比亚的作品等等，无不是他的最爱。以前年幼，在继父盖尔的影响下，他脑子里不是些奇怪的东西，就全是激烈的戏剧。现在在这所新学校，感情浓厚的文学作品融到他心中，让他那些以前奇怪的幻想也开始充满浪漫情怀。

新学校激发了他对古典文学的兴趣。当五年后他准备毕业时，沉醉在莎翁作品中的瓦格纳坚信自己将来一定会在文学上有所造诣。他在本子上写着："现在，毫无疑问地，我将成为诗人。"他确实也在文学上下了很大功夫，写了不少戏剧。

那么音乐呢？和家人们一样，他对韦伯、莫扎特也很痴迷。韦伯的《自由射手》给他留下了很深的印象。吸引他的首先是作品本身的魔力，但站在台前"统领"乐队的指挥的形象也给他留下了很深的印象。他时常幻想自己有一天也可以像他那样，站在舞台上，让观众如痴如醉。

他不像莫扎特、李斯特那样，从小就显示出非凡的音乐天才。而是一边文学，一边音乐；东拼拼，西凑凑。那他什么时候才全心全意只对音乐呢？直到1827年他们举家又迁到莱比锡之后，15岁那年他听了贝多芬的交响乐，音乐让他找到了感觉。当他在格凡岛剧院听到贝多芬的A大调，心中便形成了形象，"……我在心中绘出了他的形象，高卓、特殊而超凡……"，他惊喜地发现这居然与他心中莎士比亚的形象一模一样。"我在狂喜销魂的梦里遇到他们两个，并同他们说话。醒来后却发现自己泪流满面。"

现在，他听音乐，就仿佛是在看小说；而看小说时，又仿佛看见一个个音符从里面跳了出来。贝多芬是他新的崇拜对象。瓦格纳为他做白日梦，不停地抄他的乐谱，然后再改他的曲子作新曲。暂时把学业丢到一边，心里全是音乐和贝多芬。在贝多芬去世后，他几乎把他所有的序曲都抄了下来。"上床带着奏鸣曲，起床后又去搞四重奏。歌曲的部分他唱出来，四部曲用口哨吹出来，因为钢琴弹得老差。"

他为贝多芬疯狂。瓦格纳所完成第一篇具有技巧、力量与创造力的作品，就是根据贝多芬的整篇《第九交响曲》改写的钢琴曲。当他抄写的时候，就受到了很大的震撼：

我听说贝多芬写它时已经半疯了，这使我热望着要研究这篇奇特的作品。我只看了乐谱一眼，就禁不住被那开始的、拉得长长的纯五度音符所吸引……第一件要做的事，就是费心抄写这首乐曲使它变成我自己的……有一次，我正抄着，早晨，忽然出现灵感，震撼了我兴奋、紧绷的神经，我大叫一声跳上床去，以为看见了鬼。

血的教训

由尼古拉学校转入托马斯学校，更转入莱比锡大学，热心研究哲学与美学。又另外从师学习音乐理论。这时候他已经从事了许多乐曲。

——摘自丰子恺《近世西洋十大音乐家故事》·瓦格纳

瓦格纳的哥哥姐姐们和他一样，从小受父亲的影响，也很喜欢歌剧。长大后，他们大多都在剧院里工作。基于这个原因，瓦格纳的母亲希望他可以换一个行业，不要再局限于音乐和歌剧。可自从瓦格纳迷上贝多芬，也决心学习音乐了。家人们看他这样用心，便同意了。

不过，瓦格纳也是个心急的人。琴弹得不怎么地，也不太会和声和声乐的理论知识，刚学音乐没多久，就急着作曲，而且还想做大规模的管弦乐曲，就在这时他被一件事教育了。1830年莱比锡剧团要在这里举行圣诞演奏会，瓦格纳就把自己的曲子给他们看，没想到指挥居然同意演奏他的作品，只是没有印出作者姓名。心里小有成就感的瓦格纳偷偷地告诉姐姐罗莎莉。两个人骑着马赶到会场时，瓦格纳突然发现没带票，不得已，只得向守门的人泄漏说，自己就是新序曲的作者，才得以入场。可当音乐响起的时候，他就被吓得浑身出冷汗了。他的音乐简直太滑稽了，每四个小节之后都有滑稽的鼓声。听众听了先是发愣，然后就开始嬉闹，最后竟狂笑起来了。

瓦格纳在台下涨红了脸，恨不得找个地洞钻进去。

"我心里面有一千个一万个痛苦……结束之后，笑声消失了，他们看起来像是经历过了可怕的梦魇一般。"

这件事教育了瓦格纳，提醒他要做好音乐的基本功。1831年2月23日，他到一所音乐学院里注册。他的第一任老师是诚实正直的戈特利布·缪勒，之后是莱比锡的一个重要人物——圣托马斯教堂唱诗班领班韦因利。韦因利用六个月的时间向他传授了和声学和对位法。瓦格纳快马加鞭地学习，很快就掌握了大量的音乐知识。

而幸运女神也开始垂怜这个勤奋的年轻人。他作的两部音乐会序曲于1832年上演；1834年1月10日，他创作的C大调交响曲由著名的布业大厅的管弦乐队演奏，那时他才20岁。1833年，在姐姐罗莎利的帮助下，瓦格纳终于写下了第一部完整的歌剧《仙女》。在这部作品中，瓦格纳在传统歌剧架构中尽情发挥才华，传统的咏叹调、宣叙调、二重唱与合唱到处可见。他还在一些重要的德语期刊上发表了两篇文章，在舒曼的报纸上也有刊载。成功像闪电，让瓦格纳在短期内一下子成为音乐界瞩目的新星。

原谅米娜

瓦格纳二十岁的时候，被任为威尔芝堡市的合唱长。这时候他创作歌剧《魔女》。明年又改任马格特堡市剧场的音乐监督，又创作歌剧《恋爱禁止》。在马格特堡发生了一个重要的事件：剧场中有一个美丽的女优伶名叫米娜的，对他发生了恋爱。

——摘自丰子恺《近世西洋十大音乐家故事》·瓦格纳

此时是他人生中很辉煌的一个阶段，他的音乐小有成就。不过，为了维持生计，他也需要从事一项工作。很自然地，他选择了自己最熟悉的：有关戏剧的职业。从20岁起，他开始在威尔芝堡剧院担任合唱团指挥。

在一次演出中，瓦格纳邂逅了女演员米娜·普兰尔。他们第一次相见，是在1834年，当时瓦格纳才21岁，他们住在同一栋房子里。那姑娘长得很

美，有可爱的眼睛和含情脉脉的双唇，让瓦格纳一见倾心。

不过，米娜无论是在人品上还是在性格上，都是有着很大的缺陷的。她不喜欢瓦格纳，也不打算与瓦格纳结婚，却接受与瓦格纳的暧昧关系。她总是假惺惺地一本正经，实际上却是个贪慕虚荣又拜金的女人。她对待瓦格纳的追求显得非常不屑，并且经常让他碰壁。不仅如此，米娜比瓦格纳大了近4岁，还有个私生女。

可是，堕入情网的瓦格纳根本顾不了这些，依然不停地向她示爱，直到半年后他们终于在教堂结了婚。朋友们都不看好他们的婚姻，因为在婚前两个人就经常发生口角。痴心的瓦格纳跟随他的心上人米娜从以前的剧院来到新的剧院做指挥。可是没过两年，这家剧院就破产了。年轻的夫妇陷入经济困境中，矛盾越来越大。米娜畏惧贫穷，不愿意跟着正处在黯淡时期的瓦格纳。

瓦格纳在此之后一直没有稳定的工作，他们生活得很拮据，米娜无法忍受，后来便跟一个生意人私奔了。恰好在此时，俄国里加有一家剧院邀请瓦格纳出任音乐总监。瓦格纳到了那里，碰到了抛弃自己的米娜。原本，瓦格纳心中对她是充满着仇恨的，他早已准备好离婚诉讼，但看到米娜现在决心悔改，便重新接受了她。

或许在外界看来，米娜并不是个好太太，但在瓦格纳心中，她是个勇敢又会过日子的女人。他曾经流着泪对朋友们说，他的这位妻子，个性坚韧。时常面带微笑，无怨地烹调、洗衣。当看到丈夫不顺心时，就尽量节俭，自觉忍受贫穷。她是守护瓦格纳的天使。有时家里断了炊，她就卖掉自己的珠宝。

所以，即便米娜当初确实因为不满贫穷的生活而抛弃了瓦格纳，瓦格纳在再次遇到她时，依然敞开心胸，豁达地接受了她。

巴黎岁月

但他来到巴黎，在事业上全无补益。艺术的大都会的巴黎，对于青年音乐家瓦格纳绝不理睬。瓦格纳东奔西走，找求开演他自己的作品的剧场，然而一切计划与奔走都成泡影！这回巴黎滞在的三年，是他一生中最苦痛的时代。

——摘自丰子恺《近世西洋十大音乐家故事》·瓦格纳

因为有了妻子米娜的陪伴，瓦格纳再次踌躇满志，开始编写大型歌剧词曲《黎恩济，最后的罗马护民官》，雄心勃勃地计划全面改造剧院。可是，由于他过于凸显自己能力，让看红了眼的剧院总监很是不满，终于于1839年将其辞退。

再度失业的瓦格纳带着累累的负债，还被债主穷追不舍，没收了自己和妻子的护照。走投无路的他只好计划了一项极其危险的行动——偷越俄国边境，经过东普鲁士，逃往巴黎。在一个走私客的贼窝躲了大半夜，瓦格纳和米娜带着纽芬兰狗连滚带爬地越过边界壕沟，进入东普鲁士，搭着一辆破旧的马车奔到皮拉乌港。经过一路颠簸，他们终于于1839年到了巴黎。

经济上一直很困难的瓦格纳希望能在巴黎有所建树，可这个新城市却再次让他失望了。当时的巴黎，正处于中产阶级精英的财富与权力都臻于顶峰的时期。在这种以享乐至上社会环境中，人们的音乐品味也有了巨大的变化，偏好场面宏大的豪华巨作。奢丽的布景、没完没了的芭蕾舞蹈、高唱入云的合唱曲，是当时主流的歌剧风格。而巴黎歌剧院更是将这种低俗乐趣夸张得没边没境。没钱没背景的瓦格纳，就算有好的作品，也还是被巴黎歌剧院礼貌地打发了出来。

拒绝瓦格纳的，不仅是巴黎歌剧院，更是巴黎的广大群众。与当时在巴黎音乐沙龙里声名大噪的肖邦和李斯特不同，瓦格纳的外表看起来就像个教养欠佳的德国乡巴佬，很难吸引注重外表的巴黎人民的注意。而且，他又是那样贫困潦倒的。

从1839年到1842年，瓦格纳在巴黎一直过着贫困的生活。由于鞋底破了洞，无法外出，他就只好困在屋中。有时没钱买饭吃，便饥肠辘辘地望着餐桌发呆。他在自己的自传里这样记述：

"有一天，我们走到贫乏的极端。由于真的身无分文，很早我就奔出屋子，一直步行到巴黎，因为我根本没有钱可以买票坐车。我一直盼望着，即使能弄到五个法郎也是好的。于是我一整天在巴黎街头游荡着，直到黄昏。最后我的使命还是落空，不能不照原来那样，再步行回家。"

为了维持生计，瓦格纳不得不暂时做乐谱商的助理，当报馆职员。他与柏辽兹、李斯特相识，又为海涅的诗作曲。他还在这困苦的生活中，作完了《黎恩济》。可是，在巴黎却一直找不到演出的机会。穷困潦倒的、对巴黎的幻想已经全部破灭的瓦格纳只好与友人告别，带着米娜离开了巴黎，重新踏上返回德累斯顿的旅途。

被诅咒的故乡

《黎恩济》果然在德累斯顿开演了。他最初受人喝彩和欢迎，同时又被任为德累斯顿宫廷剧场的乐长，又完成了《彷徨的荷兰人》。现今世界到处开演的大杰作《汤诺伊才尔》及《罗安格林》，便是此后继续做成的。

——摘自丰子恺《近世西洋十大音乐家故事》·瓦格纳

车行经过爱森纳赫附近的瓦尔特堡谷地时，天气突然转晴，几道阳光照亮了远处山头的传奇城堡。重回故乡的瓦格纳，精神很振奋：

"第一眼看到莱茵河，我的双眼溢满泪水，当时我就发誓，虽然只是个潦倒的艺术家，我一定要将一生都奉献给祖国。"

他迫不及待地将自己在巴黎创作的《黎恩济》排演出来。这个兼容法国和意大利风格的"大歌剧"，配以华美盛大的布景和音乐，再加上奢华的排场，在故乡德累斯顿大受欢迎。1842年10月20日的首演进行了将近六个小时，取得了巨大的成功。可是，在取得这个短暂成功后，瓦格纳回到故乡的喜悦之情很快就过去了，因为他发现德累斯顿并不欢迎他。

他刚回国的时候，曾将自己的作品《彷徨的荷兰人》呈现给柏林的歌剧院总监，希望能够上演。无奈总监对这项演出一点兴趣都没有。瓦格纳听说梅耶贝尔和门德尔松都在柏林，便向他们请求援助。可这两个人，一个说自己的影响力达不到，一个充耳不闻，装没听见。这件事不仅让瓦格纳对这两位犹太作曲家产生怨恨之情，他之后还迁怒于其他所有的犹太音乐家，导致了他的种族谬论，将当时乐坛的所有错误都怪罪到犹太人身上。

后来在1843年时，他受聘为萨克森宫廷乐长。这个职务要负责所有的宫廷音乐活动，包括指挥歌剧与管弦乐音乐会、为各种场合作曲等。作为乐长，瓦格纳逐渐发现这个乐团机构里有很多需要改进的地方，便写了一些强化乐团管理的改善计划，以报告的形式上交了上去。因为其中很多建议涉及到很多人的利益，便被宫廷退了回来。他在给巴黎友人的信中写道：

"我并无地理上的偏爱。我的故乡除了美丽的山丘、森林和谷地之外，实际上相当排斥我。这些萨克森人是被诅咒的一群——吝啬、迟钝、痴愚、懒惰而又粗俗的人，我何必跟他们有所瓜葛？"

瓦格纳知道，如果现在的这种音乐体制不加以改变的话，他的艺术目标是不可能实现的。这些心胸狭窄的评论家、愚钝的宫廷官员正在阻碍他的音乐发展。他也逐渐认识到，只有颠覆性的政治变动，才是达成改革目标的唯一方法。到了1848年，他已准备就绪，决心要拥抱即将爆发的德意志革命浪潮。

革命与流亡

千八百四十九年，萨克索尼王国因宪法被拒绝承认，德累斯顿起了暴动。瓦格纳也被卷入这暴动的漩涡中。瓦格纳对这暴动如何尽力，详情不明。

……

普鲁士军侵入了德累斯顿。双方激烈地战斗起来，革命党终于败北。官军通缉瓦格纳，到处悬挂很大的照相。瓦格纳扮装为马车夫，驾了装货马车，逃出国境。

——摘自丰子恺《近世西洋十大音乐家故事》·瓦格纳

瓦格纳的一生都是颠沛流离的。1839年他在俄国里加的时候，为了躲避债主而逃到巴黎。10年后，他又作为德累斯顿的政治犯再次逃亡。

在1848年以前，瓦格纳的祖国德意志是一个四分五裂的联邦，这种长期分裂的状态严重阻碍着资本主义经济的发展。随着阶级矛盾的严重恶化，终于在1848年爆发了资产阶级民主革命。

1848年1月12日，西西里岛上的巴勒摩居民走上街头，公然反抗那不勒斯王的统治。这次反抗很快波及整个欧洲，法国国王、奥地利首相被迫下台，普鲁士国王的王位也摇摇欲坠。虽然瓦格纳所在的萨克森成立了自由派政府，但他提出的"半政治色彩的萨克森德意志国家剧院计划"，却遭到了政府的拒绝。瓦格纳认为，封建守旧的思想严重阻碍了自己音乐艺术的发展，所以也加入到革命运动中来。他开始采取公开的政治行动，加入具有革命色彩的共和派团体"祖国联合会"，并在某次露天集会中，公开发表论及共和主张与王政关系的演说。他还结识了著名的俄国无政府主义者巴枯宁，并成为他忠实的听众。

瓦格纳全身投入到革命事业当中。1849年3月，由德意志各邦组成的法兰克福议会遭到解散。普鲁士国王担心出现民众暴动，便派军队来支援萨克森王室军队。这消息一传出，德累斯顿人民便沸腾了起来，民众纷纷走到街头堆起路障，萨克森士兵举枪战斗。瓦格纳呢？他也要战斗，而且比谁都更积极。他找人到处印刷小册子《你是否愿与我们一起反抗外来军队？》。然后奋不顾身地趁着停火的空当亲手发给军队士兵。5月5日，战斗的枪声响起。瓦格纳整夜都待在十字架教堂的塔楼上，冒着普鲁士军队的枪林弹雨，观察军队动向。可是，刚成立的临时政府的民兵哪是训练有素的普鲁士士兵的对手，到了5月9日，反抗组织已经溃不成军。

胜利的当局者开始捕捉那些革命领导分子。和瓦格纳一同的罗柯尔和巴枯宁都被逮捕并判处终身监禁，而他却幸运地避开了这次劫难。在和巴枯宁以及其他临时政府成员一起奔走时，瓦格纳和大家走散了。

听说了同伴被捕消息的瓦格纳，马上转身去了魏玛。在那里，他得到李斯特的帮助。不过，听说5月16日发布了对他的追捕令后，瓦格纳便逼不得已地离开了德国，去了瑞士。

在瑞士避难

在瑞士的避难期间，他的文学上的事业比音乐上的活动更多。记述自己的作品《理想与主义》，又作《艺术与革命》《未来的艺术作品》《艺术与气候》等论文，发表于报纸上。避难中的瓦格纳，生活当然困穷；但他的本性喜欢裕福，无论境遇何等困穷，其习惯难于改变。况且又是热情的艺术家，在精神上，在物质上，他都盼望丰富的生活。因此他对于事业十分努力。但所收入的总是不敷支出。

——摘自丰子恺《近世西洋十大音乐家故事》·瓦格纳

　　成了政治犯的瓦格纳不得不离开德国，到他国开始自己新的生活。他听从友人的劝告绕远路，在1849年5月29日抵达苏黎世。那里绚丽壮观的湖泊景致和绵延起伏的阿尔卑斯山，让流离的瓦格纳动了心，留在了瑞士。

　　无论是在巴黎的穷困潦倒的岁月，还是在自己家乡也不被人们认可的日子，都让瓦格纳对于音乐创作产生了抗拒心理。现在，这位饱受屈辱的逃亡者在一无收入二无地位的情况下宁愿写作，也不愿创作音乐剧。特别在1849年到1850年这段时间，是瓦格纳写作的高潮。《艺术与革命》《未来的艺术作品》《歌剧与艺术》，他通过三篇理论知识来对自己迄今为止的艺术经验作个总结。这些作品让他在欧洲声誉剧增，开始有了立足之地。

　　现在，已年届四十的瓦格纳住在苏黎世，虽然手头上很拮据，但却过着相当舒适的居家生活。他在德国、法国、美国，声望与日俱增。在苏黎世，曾经的那些德国革命流亡者和瑞士有名望的公民组成了一个交际圈，瓦格纳是其中很重要的成员。他的情人马蒂尔德在很久以后发表的回忆录中，将苏黎世社交圈比喻成一个星辰圈，它绕着瓦格纳这个太阳转。从魏玛来的客人络绎不绝。

　　他在瑞士一共待了九年。这期间除了数次旅行外，他从未离开过这里。在李斯特的介绍下，他还结识了不少有钱有势，而且愿意提供帮助和经济支援的人，奥托·魏森东克是其中最慷慨的人。他帮助瓦格纳筹办了三场特别的音乐会。演出他的作品《黎恩济》《彷徨的荷兰人》《唐豪瑟》和《罗恩格林》的部分内容。几场音乐会加起来相当是一个"瓦格纳音乐节"。

　　在因革命而流亡他乡的日子里，瓦格纳产生了创作《尼伯龙根的指环》这部歌剧的念头。这部歌剧从设想到创作到完结，一共花了23年的时间。到1856年，他才筋疲力尽地完成第二幕《女武神》。在异乡生活贫穷的瓦格纳想重返祖国，想承认自己犯了"为了政治抛弃艺术"的过错，可却被祖国的统治者拒绝了。这样，流离他乡的瓦格纳只好一边创作自己的剧本，一边为了生计而到处巡演。

　　瓦格纳一生都过着贫穷、债务缠身的生活。在大家眼里，他是个不会珍惜钱财，随意挥霍的人。对于朋友们有关财产管理方面的劝告，他一直充耳不闻。这位艺术家对金钱有着独到的见解：

"我是一个特别的人，我的神经极端敏感，我一定要有美、辉煌与光亮！这个世界欠我所要的！我不能像大师巴赫一样过小镇风琴师的可悲日子！如果我认为值得拥有一点自己喜欢的奢华，这惊人吗？实在令我费解，我是一个可以给这个世界和千万人这么多享受的人啊！"

最高贵的崇拜者

巴威国王路易二世少年时候听了瓦格纳的歌剧《罗安格林》，对于这作家常怀敬爱之意。这一次又读了他的《尼伯龙根的指环》的诗，更为感激，就任他为闵行的宫廷乐长。
——摘自丰子恺《近世西洋十大音乐家故事》·瓦格纳

瓦格纳离开祖国已经有13年了。到1862年底，瓦格纳为即将公开发售的《尼伯龙根的指环》诗集写了一篇序文。文中瓦格纳勾勒出能让他的歌剧在理想状态下演出的节庆歌剧院设想，并希望德意志君王可以出钱资助他。尽管此时的瓦格纳已经得到萨克森国王的赦免，但由君王出资建造剧院在当时还是不可能的。正当瓦格纳的经济状况陷入困境中时，一位慕尼黑绅士找到了他，为他带来了幸运女神。

原来，这位绅士是新继承王位的巴伐利亚国王路德维希二世的内阁秘书。瓦格纳从他那得知，原来新任国王一直是他狂热的崇拜者，想与他会面。

路德维希二世在1864年登基时只有18岁，对于如何治理日耳曼南部这样最富裕、实力最雄厚的国家，他完全缺乏实际知识。此外，这位高度神经质又浪漫得近乎病态的年轻人，对天鹅有特别的嗜好。15岁那年，自从他看了《罗恩格林》（剧中圣杯骑士罗恩格林就是乘着一艘天鹅所拉的小船来到人世）的演出，就深深地爱上了瓦格纳的音乐和他的戏剧。这位君主认为，瓦格纳和他一样富有浪漫的想象力。所以他开始关注瓦格纳和他的一切，也包括他的《尼伯龙根的指环》。当他读到诗集的最后，看到瓦格纳发出"能找得到这样的君主吗？"的感叹，那一瞬间，他仿佛找到了自己的天命所在。可笑的是，一开始这位慕尼黑绅士来找瓦格纳时，他还以为是锲而不舍的维也纳债主，不肯见他。在失眠了一夜后，他壮起胆子，准备迎接最坏的事情。结果，这位绅士给他呈来的是国王的一帧照片，并附上口信说，国王想为他解除物质上的一切顾虑。

幻想的君主和瓦格纳就这样开始了他们一生的友谊。路德维希写信给瓦格纳："我极欲让你的肩头能永远卸去尘世生活的卑微负荷。我希望你能享有自己渴望的平静，以便让你能一展有力的天才羽翼，不受拘束地翱翔在忘我的艺术纯净大气之中！你不知道，从我早期的童年开始，你就是我唯一的欢乐源泉，是能与我的内心交谈的唯一友伴，是我最佳的顾问与导师。"

第二年秋天，当路德维希二世把瓦格纳请到他父亲亲手建的阿尔卑斯山豪华行宫逗留一周，人们对这位有政治"前科"的人的容忍已接近极限了！不久，国王更让瓦格纳在维也纳遭到拒绝的歌剧《特利斯坦和伊索》在首府慕尼黑上演，于是宫中的矛盾就公开化了。而"不识时务"的瓦格纳还想抗衡一下：他让国王转达他的某些政见，甚至要求撤换某些主事者。这可把整个宫廷激怒了！他们联合起来向国王下最后通牒：你是要人民的尊敬和爱戴，还是要瓦格纳的友谊？国王不得不派人通知瓦格纳，请他暂时离开慕尼黑几个月，但他为瓦格纳在瑞士著名风景区一个叫特利布兴的半岛上租了一幢别墅。

瓦格纳一走，国王难过极了。直到1867年3月，他还在给瓦格纳的一封信里回忆道："在我还是孩子的时候，上天就强行将对你的神圣的兴奋之情的幼苗植入我的心田里，让它为您的作品而欣欣向荣。"在思念之情的煎熬下，他想趁瓦格纳53岁生日之际，把瓦格纳召回慕尼黑，却遭到瓦格纳的拒绝。于是他只带一名随从亲自去特利布兴，并且一去就是三天；在瓦格纳家里住了两夜，真是有"说不完的话"。

1872年在国王支持下，瓦格纳在巴伐利亚王国的边城贝罗伊特建造歌剧院。但经济上很快告急，不得不向国王求助。这时的国王在别处也正在大兴土木，钱是很紧缺的。可为了这位"神圣的朋友"，国王干脆把瓦格纳在贝罗伊特的家庭别墅也一并给解决了！1874年瓦格纳举家迁到了这里，开始了他的艺术大手笔：系统排练他的《尼伯龙根指环》四部曲。每部排练国王都专程前往，以致瓦格纳也觉得这太过分，所以到排第四部时，他就坚决不让国王去了。

路德维希二世为瓦格纳的音乐事业乃至家庭生活不断慷慨解囊。1879年底至1880年冬，瓦格纳携家眷前往意大利访游了11个月，其间所乘豪华包车，国王就为其偿付5200里拉。意大利回来后，国王为他接风，又在慕尼黑安排了三场瓦格纳的歌剧演出，即《彷徨的荷兰人》《特利斯坦和伊索》和《罗恩格林》。第二天紧接着还上演了《帕西法尔》。可惜这一次国王迟到了，引起瓦格纳的不悦。但这是他俩的最后一次见面。

两人曾不止一次闹过别扭，但双方似乎都没有往心里去。国王实在太崇拜瓦格纳了，把他视为乐圣。1883年2月，瓦格纳在威尼斯逝世，国王受到重大打击，直呼："太可怕了！太可怕了！"他要求一个人待着。但他同时也感到自豪，说："全世界都在哀悼这位艺术家。而我首先发现了他，并为世界拯救了他。"

路德维希二世在瓦格纳身上所倾注的热情和心血远不止这些，他的最大的惊人之举是在阿尔卑斯山山崖上为他和瓦格纳的友谊建造了一座宏伟的"新天鹅石堡"。这座石堡耸立在一条深涧的悬崖上，以一塔为主、数塔相护的风姿，与周围旖旎的风光融为一体，被许多人称为"欧洲最美的石堡"。工程是从1869年奠基的，直到1886年国王去世尚未完全竣工，不过国王的最后日子是在这里度过的，而且也是从这里被他叔父用武力赶了出来，导致他第二天投湖身亡的。宫内各主要厅室的装饰都是以瓦格纳当时已上演过的歌剧主要场景为内容的。可是当年瓦格纳却从未到过这个地方。

柴可夫斯基

（1840年5月7日—1893年11月6日）

我是一个彻头彻尾的俄罗斯人。

　　彼得·伊里奇·柴可夫斯基（Peter Ilyich Tchaikovsky），俄罗斯伟大的浪漫乐派作曲家，俄罗斯民族乐派的代表人物，他的作品常被世界各国剧院所演奏，在某些地方也深受大众喜闻乐见，其风格直接和间接地影响了很多后来者。

天生的敏感

> 柴可夫斯基于千八百四十年五月七日生于俄罗斯的维亚得加县。父亲是一个矿山技师。母亲喜欢弹幼稚的钢琴曲，但并无什么音乐天才。
>
> ——摘自丰子恺《近世西洋十大音乐家故事》·柴可夫斯基

西伯利亚的北风"呼呼"地吹着，一直吹到200多公里以外的维亚得加县。那里的名叫沃特金斯克的小镇上，有个幸福的人家。爸爸是矿山冶金工厂的中校级总督察，风度翩翩，善良又好客，人们都很喜欢他；妈妈是个出身贵族的女子，不仅弹得一手好钢琴，还精通法语和德语。1840年5月7日，他们迎来了他们的第二个孩子——彼得·伊里奇·柴可夫斯基。这可爱的小天使刚诞生没两年，爸爸妈妈又给他添了两个伴儿，弟弟伊波利特和妹妹萨莎。

这一家几个孩子每天打打闹闹，快乐地成长着。听着楼上传来的孩子们的笑声，是这对小夫妻最快乐的事。看着他们到了该识字的年纪，爸爸便为他们请了个家庭教师，年轻漂亮的法国姑娘芬妮。那年，小彼得刚4岁。妈妈嘱咐芬妮说，要特别照顾这个孩子，因为他是一个心思特别细腻，感情又很敏感的孩子。

一开始，芬妮并没有把这件事太放在心上。小彼得活泼可爱，和正常的男孩子一样调皮。他总是把衣服弄得乱糟糟的，不是不小心沾了黄油酱，就是不记得在哪儿刮掉了纽扣。而到了该学习的时候，又没有哪个孩子比他更认真、更勤奋的了。不过，芬妮也发现，正像他母亲说的那样，小彼得是个敏感的孩子。

那次，孩子们没有按照她的要求认真做作业，上面全是错题。

"1、2、C、4，尼古拉，你看你这个哥哥做的，题号都是错的！"

芬妮生气地教育他们，"你们的爸爸，他一个人养你们四个，多不容易呢！可你们居然把他的汗水浪费掉了，真是可耻！我都替你们羞羞！"被训的孩子们老老实实地把作业重写了一遍，交给芬妮。看她不生气了，就又美得屁颠屁颠地吃点心去了。只剩下小彼得坐在那里一遍一遍地改，橡皮把纸都擦破了。

"怎么把写好的又擦了呢？"芬妮不解地问，小彼得的作业问题并不大，而且她相信他会做。

书桌前的小身子颤抖了两下，"我是想……是想多改两下，惩罚一下自己……"仔细近看，他的小眼圈都红了，眼泪汪汪的。"芬妮，"小彼得接着说，"我爱爸爸，以后……以后……，以后一定好好写作业。"作业纸被他擦得乱糟糟的，还有眼泪和零星的鼻涕混在上面。

"啊……"其实芬妮只是看他们太淘气了，想让孩子们乖一点。没想到小彼得会这么上心，这敏感的孩子。自此，芬妮对他非常小心，生怕伤害到他。因为彼得就像一个"小瓷人"，一句轻微的暗示，或对别的孩子来说是根本不会理会的一句责备，都会让他惊恐不安。

而后来，芬妮发现，彼得的敏感甚至深入到了他身上的每一个器官。有一次过节，家里请了很多客人，整个晚上大家都在一起唱歌、跳舞、欣赏音乐，唯独找不到小彼得。芬妮找遍了所有房间，终于在他的小床上找到了他，他缩在被子里，眼睛里都是泪花。芬妮以为他被欺负了，没想到小彼得却指着自己的头说："噢……这音乐，这音乐……它一直在这里，在这里……它让我静不下来！快把它赶走吧！"其实，当时屋子里并没有任何声音。这只是因为，小彼得，彼得·伊里奇·柴可夫斯基他太敏感了。可谁知道，这敏感的性格竟造就了一个大音乐家！

靠音乐疗伤

　　柴可夫斯基从小对于音乐有特别的爱好。父亲买来一只音乐自鸣钟，他比什么都喜欢。有一次听了莫扎特的歌剧《唐·璜》，特别喜欢曲中的抒情调。他对于莫扎特的全生涯的敬爱，是从这时候开始的。六岁的时候，开始练习钢琴。当时有一个波兰军人常常出入于他们家中，这军人能弹奏肖邦的乐曲，柴可夫斯基听了他的弹奏，感到很深的刺激。

　　　　　　——摘自丰子恺《近世西洋十大音乐家故事》·柴可夫斯基

　　小时候的柴可夫斯基既不像莫扎特那样天赋迥然，也不像贝多芬那样被父亲压在琴前苦练。他只是一个平凡得不能再平凡的孩子。甚至与一般孩子相比，他还有点内向，有点孤僻，有点敏感，有点脆弱。心地善良又单纯，感情无比柔弱。他看到感人的童话会哭泣，听到不经意的批评会伤心。而正是这种感性的性格，让他情不自禁地喜欢上了音乐。

　　芬妮说，小彼得曾经非常迷恋家里一架叫"乐队琴"的奇异柜子。那东西好似现在的八音盒，由许多粗细不同、长短各异的风琴管子组成，可以发出很多乐器的声音。那里面存有很多乐曲，还有罗西尼、韦伯、莫扎特等的歌剧选曲。每次小彼得玩弄那音乐盒时，就会沉醉其中，他尤其喜欢莫扎特的《唐·璜》。他靠自己灵敏的听觉记住里面的曲调，然后跑到钢琴上去试音。每次家里人都是使足了力气，才能将他从琴椅上给"拔"下来。可是这颗顽固的"小萝卜"才不怕呢，他会用手指头在任何一件东西上继续弹奏，假装那东西是钢琴键。有一次在玻璃上全神贯注地弹，还把玻璃给弹碎了，弄伤了手指头。后来家人们拿他没办法，只好给他请了个钢琴老师。没过两年，他就弹得和老师一样好了。

小彼得8岁的时候，父亲带着全家移民到了圣彼得堡。孩子们不得不与陪伴自己多年的芬妮说再见了。她挺拔的身板，在雪地里越走越远，直到最后那一点灰影也消失不见，彼得带着他冻得发青的小脸被妈妈拉进屋子。这一定是场梦，他想。

没有了家庭教师，他和哥哥尼古拉一起被送进了一所上流社会的寄宿学校。在圣彼得堡这个堪称俄罗斯心脏的大城市，彼得与学校里的孩子们格格不入。是啊，他来自遥远的偏僻的矿业区，麻棉布的外衣是他们的象征；而那些孩子从小便是在大城市里长大的，每个都穿着整齐的西装，抹着油亮的头发，出门乘着马车去上学，骄傲地仰着自己的大鼻子。

"麻布袋子装着的乡巴佬！"

"乡巴佬！哈哈！"

那时学校里最时兴掰腕子的课间活动，男孩子们扭动着胳膊，脸部因过于用力而变得狰狞。彼得可不愿意加入他们，温和腼腆是他的本性。

而每次上课一回答问题，小彼得那浓重的地方音，又总是让班上的孩子们发出咯咯的笑声，而势利的老师则是不满意地撇撇嘴。

明明知道小彼得是从远地方转校过来的，学习基础不一样，毫无同情心的老师还是给他布置了很多作业，几乎到了荒唐的程度。没有了芬妮，本来感情依赖性就很强的小彼得就已经很伤心了；现在在学校，还被大家排挤嘲笑，脆弱而敏感的他别提多沮丧了。忧伤的小脑袋经常垂答答地支在桌子上，神经性的呕吐更是时有发生。母亲坐在床头给芬妮写信，一边写一边温柔地哭：

"你知道吗？彼得完全变了……他变了……情绪变幻无常……对什么都不感兴趣……很懒散，什么都不想做……我该拿他怎么办？怎么办……"

不过，只要他上起音乐课，就像换了一个人似的，兴致高昂，精神抖擞。他有点害羞，但是每次老师把孩子们分成高低两个音部的时候，小彼得就跟着又唱高音又唱低音：

"我们跟着妈妈来到彼得堡……我们跟着妈妈来到彼得堡……"

只要唱起歌儿，小彼得就一点都不忧伤了。他埋头写谱子，受伤的小心灵一点一点地愈合着。头脑间飘过一个个音符，带走他心间的抑郁。"这全是为了我自己，在我悲伤的时候。"笑容开始重新出现在他的脸上，心中的阴霾也逐渐散去……

音乐让他愈合了伤口，重新变得快乐起来。

进入法学院

后来，父亲被任为彼得格勒的工艺学校的理事，其家族就迁居彼得格勒。就命柴可夫斯基入当地的法律学校肄业。他在法律学校中也常有接触音乐的机会。他常常练习钢琴，又请意大利人的先生教意大利歌剧中的乐曲。

——摘自丰子恺《近世西洋十大音乐家故事》·柴可夫斯基

柴可夫斯基在寄宿学校里刚待了几个月，就得了麻疹。他不得不被医生遣送回去，在家养病。重新回到了爸爸妈妈的身边，他幸福地享受着他们温暖的怀抱。日子一天天地过，看着柴可夫斯基越来越大，有关这孩子学习与前程的问题，就再一次被拿出来讨论了：

"我知道，这孩子很内向，又很敏感……"

"可是亲爱的，你忘了吗？他在学校过得有多难过……"

"所以我们才犹豫这么久，可是，他已经10岁了！"

"……"

"进了法学院，那就等于一条腿迈进了政府办公室……"

……

门后有双泪汪汪的大眼睛。他听见了，父母在计划着把他送到圣彼得堡法学院，一所专门培养官吏的寄宿制学校。据说，那里既森严又恐怖。有满脸皱纹、长着鹰钩鼻，会把你倒着拎起来的宿管，还有拿着教鞭专门抽打背不下法律条文的班主任。可是妈妈说，他若是同意去学校上学，就带他去看格林卡的歌剧。哦，他的偶像，格林卡！俄罗斯最了不起的民族音乐家！天知道他有多崇拜他！7岁时他第一次看了格林卡的《伊凡·苏萨宁》，就再也忘不了了。只要报纸上有有关格林卡的新闻，他就全部剪下来，贴在自己最好的硬皮本上，然后一遍一遍不厌其烦地看，甚至有时睡觉也抱着它。为了格林卡，他什么都愿意做。嗯，或许也可以，去法学院念书。

拉着妈妈的手，看着剧院鲜红的帷幕一点点打开……

"了不起的苏萨宁啊！你解救了沙皇！"

"你是我们俄罗斯最了不起的勇士！"

……

歌剧里的苏萨宁为了保护祖国，不惜冒着生命危险，引领敌人走了条错误的路线，最终解救了沙皇和俄罗斯人民。彼得的小心脏颤动着，他为苏萨宁感到骄傲，也为俄罗斯骄傲。在整个欧洲版图上，俄罗斯的领域最大，实力最强。生长在这样宏伟的帝国里，从小小彼得的心里就总是洋溢着一种自豪感，幼时看到欧洲地图时，他甚至还会情不自禁地吻它。哦，我的俄罗斯！我为你自豪！而格林卡的音乐又是那样充满俄罗斯风情的，里面到处波动着俄罗斯民谣的旋律。要知道，他可是俄罗斯历史上第一位将民族音乐推上世界舞台的音乐家。格林卡啊，他心中的偶像。

一场场的帷幕打开又关上，现在，格林卡的歌剧听完了，他要履行他的诺言了……

马车里有个穿棕色小斗篷的小男孩，他头上戴着跟衣服一套的小棕帽。脑袋垂耷着，小脚不安分地踢着地上的小石子。马车里的妇人走出来，用手紧了紧他的衣领，亲吻他的脸颊。

"你们是不是不要我了？"小男孩两只手掌紧紧地贴在妇人脸上，不让她的唇离开自己。

"宝贝，放假妈妈就来看你。"

"不要，我要天天都跟着妈妈！"

……

离别的场面真是让人心碎。他们在家已经讲了好多遍了，到了学校一定乖乖地进去。可现在到了门口，彼得却怎么也安静不下来了。他是那样一个陶醉在家庭的温暖中的孩子，失去母亲他可怎么活。他开始疯狂地缠着母亲，不让她走。

"妈妈！妈妈！带我回家！"无论怎么安慰亲吻，对彼得都无济于事。他迷恋着妈妈，什么话都听不进去。无奈的母亲舍不得把他推开，只好用力把他的身子转向校门口。"进去吧，宝贝！"

"带我回家！妈妈……"他嗷嗷地哭着，死死地抓住一个车轮，苦苦哀求着母亲。

"快走！车夫！"细长的鞭子抽在马身上。学校的老师们强行把彼得拉开，他的小手伸在空中仿佛想要抓住什么，哭声撕心裂肺……

这让柴可夫斯基几乎歇斯底里的分别，像场强烈的地震，把他脆弱的小心脏撞得粉碎。每当回忆起这段痛苦的经历，他总是说，那是他"一生中最可怕的回忆"。

惊醒在巴黎

法律学校毕业之后，就被任为司法省的书记。对于音乐的爱好，这时候渐在他心中燃烧起来了。柏辽兹曾对其医药的职业战斗，舒曼曾对其法律的职业战斗，柴可夫斯基也曾对他的书记的职业时时冲突。

——摘自丰子恺《近世西洋十大音乐家故事》·柴可夫斯基

尽管彼得患了一年的思乡病，但到第二年时，他开始迈上正轨，在学习上取得了很大的进步。心思细腻又乖巧的他，一直是法学院老师们最宠爱的优等生。两年的预科班学习过后，柴可夫斯基正式进入了法学院，成为法学院的学生，开始了将近5年的学习生涯。

那段学习时光真是很快乐，只是在他14岁的时候，母亲患霍乱去世了。母亲的怀抱，她的体温，仿佛不久以前还温暖着他。这对一个14岁的孩子，特别是这样一个感情丰富，又深深沉陷在家庭温暖的孩子来讲，简直是致命的打击。"那双手，那双手不会再有了……"他想起母亲教他弹琴的样子：钢琴在窗旁，热烈的阳光洒在母亲身上，她那样宠爱地望着他……

"该拿你怎么办好呢？"父亲其实一直知道，柴可夫斯基喜欢音乐，从小时候一直抱着他买的音乐自鸣钟时，他就知道。只是，他也知道，这个孩子的内心承受能力实在是太弱了，他经受不住过多的大风大浪。母亲的离去，他一定很伤心。为了让他快乐起来，也为了他的爱好，父亲满足他的愿望，给他请来当时非常有声望的德裔钢琴家昆丁格来教他。柴可夫斯基跟着这位老师，一直学到18岁成年。

又是一个春暖花开的时节。风很轻，听得见花开的声音。19岁的柴可夫斯基要从法学院毕业了。"他是否有希望走音乐这条路呢？"父亲虽然希望他以后可以到政府工作，但也希望自己的孩子可以做自己喜欢的事情。从事音乐工作的昆丁格老师，却给了他一个否定的回答："彼得无疑是很有才华的，但他身上并没有一点能成为大音乐家的迹象。而且，你也知道的，俄国毕竟不比德国，音乐家的际遇并不是很理想。还有就是，他的音乐教育开始得也太晚了……"

柴可夫斯基那时和父亲一样，对于音乐，喜欢归喜欢，只是当成业余爱好，对它并没有什么"非分之想"。但当他毕业到司法部工作以后，有件事却让他真的产生了"非分之想"。那是他以翻译的身份陪同父亲的一位朋友去西欧进行商务旅游。他们途径柏林、布鲁塞尔和伦敦，最终到达巴黎。当然，巴黎的歌剧和音乐会是这次旅行不可或缺的活动。米白色的柱子在夜幕下泛着微弱的光芒，门口停着来来往往的马车。白皙细嫩的手优雅地从马车中伸出，男士们在外面接马车里的女士们出来……

这是法国经典的洛可可式建筑，富丽堂皇得像是装珠宝的首饰盒。每天都会有很多人来这里听歌剧，贵族仕女们的裙摆把楼梯擦得光亮，光滑的台阶可以映出人影。舞台上上演着扣人心弦的歌剧，配着这华美的剧院，让柴可夫斯基仿佛住进了盛着音乐的八音盒。他被巴黎的音乐氛围折服了。朦朦胧胧地，其实他一直都喜欢音乐，但是因为现实的生活也好，还是自己内心深处的胆怯也罢，他总是把音乐推开。巴黎剧院里的歌声唤醒了躲在他内心深处的灵魂，音乐！哦，是的！音乐！

从这次旅行回来后，他一反常态，将自己所有的精力都投到音乐中，他写信给妹妹说：

"我已经开始学习通奏低音，而且有了很大进步。谁知道，你或许三年后会听到我的歌剧，唱我的咏叹调呢。"

……

他曾经一直是害羞、不自信的，但现在仿佛有某种力量重新出现在了他身上。这是对美好未来的憧憬，是对崭新生活的向往。全新的、喜悦的音符从他身体里呼之欲出。

在音乐学校

当时有鲁宾斯坦两兄弟音乐家，兄安东在彼得格勒，弟尼古拉斯在莫斯科，均受公爵的保护而活动。千八百六十二年，安东在彼得格勒建设音乐学校。柴可夫斯基就舍弃了两年来的官职，入音乐学校从事研究了。

——摘自丰子恺《近世西洋十大音乐家故事》·柴可夫斯基

柴可夫斯基还记得，他以前在司法部的工作。从法学院毕业后，他在那里待了两年。当时的他不求上进、贪图享乐，每天都过得混混沌沌的。就是那比较短的办公时间，对他来讲也是种负担，每天不是坐在椅子上发呆，就是懒散地趴在桌子上睡觉。而到了夜晚，便迎来了他的天堂。他会穿着花花公子式的奇异服装，到处大手大脚地花钱享乐。

也许，没有那趟巴黎之旅，他一辈子也就做个政府职员，平平庸庸地混过余生了。可那里偏偏让他心动了，同时也开始思考了。"自己的未来会怎么样呢？一想到它就觉得可怕……"他写信给妹妹，说出自己心中的苦恼：

"……你知道我有一个弱点，那就是我只要有了一些钱就会用来寻欢作乐，我也知道这是鄙俗而愚蠢的，这我知道。但这就是我的性格。长此以往，我将会落到何种地步？我能祈祷些什么呢？想起来真是让人不寒而栗……"

可现在，这个曾经懒惰的官员柴可夫斯基，居然要从事音乐这样的苦差事了。他年纪不小了，却要从零基础开始学习音乐。还要振作精神，克服惰性和懒散。他一边在司法部上班，一边学习音乐。没过多久，他干脆辞去工作，进入安东·鲁宾斯坦创建的圣彼得堡音乐学院，成为那里的全日制学生。

他这样的决定，让他的家人和同学都大吃一惊。彼得·伊里奇想成为音乐家？就这个懒散松垮、漫不经心的柴可夫斯基想真正工作？同时，那里面也夹杂着讽刺的声音。他的叔叔彼得·彼得罗维奇当时就说："这个没出息的彼得！现在他怎么用他的法律官职去换了一支风笛呢？"而哥哥尼古拉则也直摇着头，他表示他从来都不觉得，柴可夫斯基有什么过人的音乐天赋。"你以为你会成为格林卡吗？天大的笑话！"而弟弟莫杰斯特甚至还担忧起他的身体来，"他是不是遇到什么我们都不知道的事儿，受了刺激？"

可柴可夫斯基可是认真的。"我或许成不了格林卡，但是有朝一日，你们会为我自豪的。"他去上安东·鲁宾斯坦教授的作曲课和器乐课，全力以赴地潜心研究。这位严厉的教授留的作业不仅多，难度也很大，很多惧难的学生都避开他的课，只有柴可夫斯基勇敢地挑战着。有一次他在作曲课中给了柴可夫斯基一个主题，让他根据这主题写几首对位性变奏曲。他原想着，这个曲子这么难，柴可夫斯基能作出十几条就不错了。没想到第二次上课的时候，他交了200多条。"为了检查他的作业，我花的时间比他写的还多呢！"鲁宾斯坦无奈地笑笑。

柴可夫斯基选择走这条路，需要克服的不仅仅是懒惰，还需要勇气。性感的嘴唇、蒙眬的眼睛和微微隆起的额头，温柔和善是他的天性。可是一个优秀的音乐家需要站在数百人的乐队面前指挥。这种活动需要刚烈的、有气场的人来完成。而柴可夫斯基却总是站在帷幕后面，他实在是没有勇气当着这么多人的面指挥。

"不行！老师！我不行！"鲁宾斯坦拉着，不，拖着他，柴可夫斯基又惧场了。

"柴可夫斯基！你可以的！"

"哦，这双手！这双笨拙的、不听话的手！我真想咬掉我这双手！"他确实用嘴咬着拳头。

"是俄罗斯人，就勇敢地站上去！"

"哦！我爱俄罗斯！可是……"

……

他的生活改变了，不是清闲地享受高福利的公务员了。他过得就像个苦行僧，在父亲的住宅里，用着一个小小的房间，对着天窗，一笔一笔地写着。他爱音乐，如同他爱俄罗斯，虽然这充满荆棘的转变让人痛苦，但他却对未来充满希望：

"是的，你们可能会问我，我学成以后，最终会得到什么结果？我不知道。我辞了职，是怕惰性会占得上风。现在，音乐学院所有的教授都对我很满意，并且认为，经过努力，我将大有可为。我相信我会成为一个优秀的音乐家的，或者至少会有所成就的……"

莫斯科之旅

千八百六十五年，他在音乐学校毕业。明年，莫斯科新办音乐学校，二十六岁的柴可夫斯基被招聘为该校的和声学教师。当时学校的薪金甚为微薄。他寄宿在尼古拉斯·鲁宾斯坦家里，度清苦的生活，没有钱买衣服，向朋友借了一件旧大衣。

——摘自丰子恺《近世西洋十大音乐家故事》·柴可夫斯基

经过在音乐学院近3年的学习，柴可夫斯基毕业了。他的老师安东·鲁宾斯坦的弟弟尼古拉斯在莫斯科新创建了一所音乐学院，恰好需要一名和声学教授，安东听说了，便将柴可夫斯基介绍了过去。这份职位薪资并不高，只有少得可怜的50卢布，连房租都支付不起，但柴可夫斯基却很愉快地接受了。

1866年1月，柴可夫斯基只身抵达莫斯科。尼古拉斯·鲁宾斯坦宽厚地接受了这位初出茅庐的音乐老师。看到柴可夫斯基只穿着一件旧大衣，戴一顶毛皮帽，尼古拉斯就马上为他订购了半打新衬衫，还订购了件礼服。他对这位年轻的教师关怀备至，像保姆一样照顾他，特意给他腾出家里的一间小房间。

到了那年秋天，莫斯科音乐学院正式开学，他成了这学校的音乐老师。年轻的教授肩负的担子很重，每周要上26节课。初当老师的他显得非常紧张，又很怕羞，班上有十几双眼睛都盯着他。不过，一讲起他所熟悉的音乐理论和和声规则，他很快就镇定下来了。

"我们的老师，他年轻，有一副可爱的，几乎可以说是美丽的面庞；他有漂亮的深色眼睛，目光深邃动人；还有那蓬松的、没有精心梳理过的头发……"

温和的双眼，美丽的面容，淡褐色的胡须，一张标准的善良的柴可夫斯基家族面孔。柴可夫斯基的讲解明了易懂，学生们都非常喜欢他。

"他弹奏我们的作业时，不放下铅笔，有时稍停顿一下，用手中的铅笔急速地给平行五度和八度打上括号，然后又继续弹下去。"

"看来，我们的错误让他生气了。"

……

尼古拉斯·鲁宾斯坦对柴可夫斯基的关怀不仅仅体现在生活上，也包括对他的音乐事业上。他常带他去听音乐会和歌剧，还介绍他认识不少音乐家和上层人士。这让柴可夫斯基很快便融入莫斯科的社交活动中。他刚到莫斯科，就成为莫斯科艺术家小组的常客。莫斯科的作家、艺术家们都把这里当作活动中心。他们经常举办丰富多彩、生动活泼的聚会：弹琴唱歌、谈话玩牌、开化装舞会。而柴可夫斯基彬彬有礼的举止和温良的性格也让大家非常喜欢他。因为有着悦耳的歌喉，大家还给他起了个绰号叫"小黄莺"。"小黄莺"时常穿着化妆舞会的衣服和朋友们一起载歌载舞，玩多米诺骨牌。

除了莫斯科艺术家小组，柴可夫斯基也与当时在俄罗斯音乐界颇有影响力的"强力集团"有了联系。

"强力集团"是当时俄罗斯以巴拉基列夫为主要领头人的一个主张弘扬俄罗斯民族音乐传统，摒弃外来音乐的组织。因为这个组织一共由五个人组成，因此也称"五人团"。他们崇尚俄罗斯传统民族音乐，打着"格林卡和俄罗斯民歌"的口号，排斥外来音乐。同时，他们也轻视音乐学院和外国古典音乐。对于柴可夫斯基，他们早有耳闻。

一开始，"强力集团"的成员们对柴可夫斯基抱着很大的偏见。他们认为，像柴可夫斯基这样的"音乐学院的小孩儿"，受专业音乐教育的影响，不可能与他们这些认可民族音乐的人同路。但当1868年巴拉基列夫来到莫斯科，欣赏过他的作品《冬日的幻想》后，就不再这样想了，因为柴可夫斯基的作品中到处都散发着俄罗斯风情。这样，"强力集团"改变了对柴可夫斯基的想法，巴拉基列夫更是与柴可夫斯基建立了深厚的友谊，两个人经常一同出去郊游，畅谈音乐，后来在音乐创作方面也取得很好的合作。这样，怀着将俄罗斯民族音乐发扬光大的共同奋斗目标，"强力集团"这个"五人团"变成了"六人团"。

失败三部曲

青年时代的柴可夫斯基在作品上差不多全无成功。生活上当然也不充裕，一向寄居在鲁宾斯坦氏家中。千八百七十年，方始离开鲁宾斯坦家，自己租了一间房子，又雇了一个乡下人的男仆。男仆的食料，每天只是菜汤。

——摘自丰子恺《近世西洋十大音乐家故事》·柴可夫斯基

在莫斯科音乐学院教书的这么多年里，柴可夫斯基一直没有间断过创作音乐作品。他白天在音乐学院里教书，夜晚就回到与尼古拉斯仅隔一墙的宿舍中，开始自己的创作。他作曲很用功，几乎是用着自己的每一分钟的空余时间在创作，在那个只有一张床和一张写字桌的小屋里一直工作到深夜。

"我好像一只趴在穴里的熊，在一点儿一点儿地蓁养自己的东西——我的曲子，这些曲子总在我脑中盘旋。"

"对于我，作曲是一种灵魂的自白。"

窝在自己的小屋子里，他总是想起从圣彼得堡到莫斯科的旅途上，那让他欣喜的迷人的北国风光：漫天的飞雪层层峦峦，延绵不绝。"我爱俄罗斯的大自然，它胜过其他任何地方的美景，俄罗斯的冬景有着无与伦比的美。"柴可夫斯基那触景生情的、敏感的小心脏又受到了震颤，旅途中冬日的美景激起他创作的冲动。于是，在把灵魂里的感受都倾诉在自己的音乐中后，他创作出了他在莫斯科的第一部交响曲《冬日的幻想》。

这部作品里不仅充满了他对温馨美好生活的渴望，还渗透着浓厚的俄罗斯民族风采，刚一完成，他就迫不及待地把它献给安东鲁宾斯坦老师了。这作品的每一个小节里都渗透着俄罗斯的味道，民歌和民间舞曲的旋律贯穿全曲。他要给他们看，看这充满着俄罗斯风情的作品。可鲁宾斯坦却不喜欢他的作品。像以往在彼得堡音乐学院的时候一样不喜欢。无论是他以前作的管弦乐作品《风暴》，还是毕业作品四重奏伴奏曲《欢乐颂》，鲁宾斯坦都不喜欢。因为他本身是古典音乐的推崇者，柴可夫斯基创作的这样新潮的音乐可不是他的喜好。

"能拿到音乐会上演出的只有第二、第三乐章。"

从1866年到1868年，鲁宾斯坦三次演奏柴可夫斯基的《冬日的幻想》。虽然前两次演奏的第二乐章和第三乐章被彼得堡的听众否定，不过第三次在莫斯科的完整演出还是得到了很高的评价。音乐批评家列文松在论及这部作品时说：

"这是一部真正的俄罗斯交响曲，它的每一个小节都使人感到，只有俄罗斯人才能把它写出来。"

这第一部交响曲的完成，给了柴可夫斯基很大的动力。他由此企望得到更大的成功，开始尝试着写歌剧。在莫斯科的艺术家小组，他认识了奥斯特洛夫斯基，并将他的戏剧《伏尔加之梦》改编成歌剧《地方长官》。柴可夫斯基从1869年开始创作，历经两年才完成，可在圣彼得堡歌剧院举行首演时，却惨遭失败。不仅如此，歌剧院还拒绝了他第二部歌剧《乌亭》。受了打击的柴可夫斯基一气之下把歌剧谱全部焚毁了。

而在《地方长官》刚刚失败两个星期时，柴可夫斯基创作的交响诗《命运》也是失败之作。虽然听众反映强烈，但专业同行却态度冷淡。甚至从前最支持他的巴拉基列夫也这样说：

"这部作品并不使我感到愉悦，以为它没有经过充分的思考，显露出匆匆草就的迹象。许多地方都能使人非常清楚地感觉到连接和缝合的痕迹。"

于是，柴可夫斯基像以往一样，又一次烧毁了《命运》的总谱。

充满信心的创作，焚毁；再充满信心的创作，又焚毁；之后他又创作了第三部歌剧《水仙》，依然没有逃出被焚毁的命运。董事会的权威们对他的作品不屑一顾，两年后才把谱子退给他。于是，《水仙》也不可避免地被柴可夫斯基扔进火炉了。

柴可夫斯基觉得自己简直丢死人了，做一次就失败一次。自己的创作刚起步，就接连完成了一套"失败三部曲"。灰头土脸的他不禁悲伤地想，在这个世界上，恐怕不会有人会对他写的东西感兴趣。

 # 复活的音乐

> 说起俄罗斯音乐家，往往使人立刻想起柴可夫斯基。他同别的俄罗斯音乐家不同，是世界的音乐家。因为他的音乐不是极端的俄罗斯风的，而含有很多的世界的分子。当俄罗斯国民乐派的作家聚集在彼得格勒，热衷于纯粹的国民运动的时候，独有柴可夫斯基住在莫斯科，把俄罗斯音乐送到欧洲的中央乐坛去。
>
> ——摘自丰子恺《近世西洋十大音乐家故事》·柴可夫斯基

柴可夫斯基在那"失败三部曲"之后，曾一度处在消极情绪中。幸好，他"强力集团"的朋友巴拉基列夫来莫斯科拜访他。他建议他根据莎士比亚的戏剧《罗密欧与朱丽叶》的题材写一部交响幻想序曲。巴拉基列夫还亲自为他草拟了一个开头。《罗密欧与朱丽叶》这悲情的爱情故事深深地打动了柴可夫斯基，让他的注意力很快转移到这新的作品上。

历经之前多次失败的作品，现在柴可夫斯基的音乐创作水平有了很大的提高。在这部作品中，他不仅表现出了成熟的作曲技巧，还将那富于表现力的独特风格发挥得淋漓尽致，悠长宽广的旋律也得到了应有的位置。小有所成的柴可夫斯基终于看到了光明的曙光。

在莫斯科音乐学院教书的这10多年里，他写下了许多成功的作品，其中包括3部交响曲钢琴协奏曲、歌剧、舞剧、管弦乐序曲、室内奏等。可也因

为他的音乐开创新的体裁，所以在创作的道路上，也充满了坎坷、艰辛和不被人理解。这其中最典型的一个例子就是他那部创作于1874年的《降B小调第一钢琴协奏曲》。

当时，尼古拉斯·鲁宾斯坦是莫斯科最著名的钢琴家。柴可夫斯基作完这部钢琴协奏曲，想让他指教一下。他对自己这次的作品很有信心，满怀期待地等着尼古拉斯的肯定。可鲁宾斯坦弹着他的曲子，面部表情可不怎么喜悦。他紧闭双唇，脸色越来越差。

"你看，"他坐在琴前试奏着柴可夫斯基的乐曲。"这里、这里和这里，切起来多么不方便啊！既然平行音弹起来要方便得多，何必要写那些色彩浓重的低音呢？"

"你看，"他又重复了一遍刚才弹奏的，"这样，……高音……低音……，这样多方便啊！"

不过柴可夫斯基可不这么觉着。

"鲁宾斯坦，哦，上帝在上，这可是音乐，你说什么方便不方便啊？"

"那你说，这样的曲子谁能演奏？"

"你演奏得就不错！"

"哦，谢谢！不过也就是我吧，换了别人会弹掉手指头的。你知道吗，应该改写成平行的重低音。"

"不，不改，不应该改，我不想改。"

"哦，若是这样，我是不会演奏的……"

"悉听尊便，会有别人演奏的。"

"别人？无论是谁，都不会演奏这种曲子的！有谁会给钢琴家写这种曲子呢？"

"这又不是给钢琴家写的，我是给公众，你为之演奏的公众！像以往，按他们方便的、习惯的方式去写，好也罢、坏也罢，我都不管。我要按照我自己的想法去写，让他们听到柴可夫斯基的音乐！"

这话可气恼了鲁宾斯坦。

"柴可夫斯基的音乐？三部失败的交响曲么！谁是柴可夫斯基？你是勃拉姆斯吗？你是李斯特吗？"

三部失败的交响曲……鲁宾斯坦的话直指要害，一下子就说到柴可夫斯基的敏感点了。

"你怎么不说话了？"

"不想和我谈？那好吧，不过你要记住，这种曲子无论是谁，都永远不会被弹奏的。这是我鲁宾斯坦对你说的。"

随着一阵猛烈的关门声，鲁宾斯坦离开了工作室。

"这花瓶放错位置了！"他气坏了，都没看见前方有东西。

……

柴可夫斯基《第一钢琴协奏曲》是一部很通俗的钢琴协奏曲，这让崇尚古典音乐的鲁宾斯坦很难接受。而柴可夫斯基认为，俄罗斯拥有着众多动听的民谣，但很可惜音乐事业还没有走上世界舞台。看着意大利歌剧占据着俄罗斯舞台，而本国的歌剧却被挤得无立足之地，他心里渴望为俄罗斯的音乐做一份努力。"作为一个俄罗斯音乐工作者，当我听着帕蒂夫人的颤音时，我能够忘记我们祖国的艺术界在莫斯科是处在多么屈辱的境地吗？既没有演出场所又没有演出时间。"他将这不被认可的作品交给了德国钢琴家冯·彪罗。彪罗于1875年在美国首次演奏这首协奏曲，获得巨大成功。

过了一段时间，这部伟大的作品辗转回国，在自己的祖国里被批准演出，并逐渐获得认可。这曲子的思想内容和艺术形象都很丰富，让人激动澎湃。鲁宾斯坦最终也认识到这部作品的内涵，为柴可夫斯基到处演奏这部作品。时至1878年的巴黎演奏，让听众大为倾倒。柴可夫斯基创造了无与伦比的协奏交响曲。它抒情如歌，感情丰富且形式多样，听到它的瞬间，就会知道它是俄罗斯的。质朴的乌克兰民歌旋律，配着华丽的旋律和浓郁的俄罗斯民族风情，打动了每位听众的心。演奏的盛况如此叙述着：

"当演奏完第一乐章时，大厅里一下子轰动起来。鲁宾斯坦在听众的反应面前有些惶惑，因为他不曾期望获得那样大的成功。那时的巴黎听众的鉴赏能力似乎远远超出了俄罗斯的听众。"

逃跑的新郎

千八百七十七年，柴可夫斯基三十八岁，便是他的神秘的结婚的一年。他的结婚如何由来，如何进行，连他最亲近的朋友都不知道。然而推查起来，似乎是由恋爱而结婚的。但他的结婚生活只继续几个星期。要之，一切详情为神秘的幕所包庇，外人不得而知。

——摘自丰子恺《近世西洋十大音乐家故事》·柴可夫斯基

就在柴可夫斯基在莫斯科音乐学院创作歌剧的那些日子里，他意外地收到了一封来自学生米柳柯娃的求爱信。她在信中称，她早已钟情于他。米柳柯娃当时28岁，看起来性情温顺，在音乐学院读书的日子里似乎也没什么不好的名声。可是实际上，她有着非常严重的心理疾病。她像迷恋英雄一般迷恋柴可夫斯基，固执地给柴可夫斯基写了一封又一封求爱信，里面的内容极其狂热：

"我向你保证我是个纯洁无瑕的姑娘。对你我没有半点隐衷……别让我那么捉摸不定，你只是在浪费时间。没有你我活不下去，我将走上绝路。让我再看你一眼，吻吻你，我将带着这最后一吻到另一个世界去……"

这些近乎威胁的文字，让柴可夫斯基恐惧。他被米柳柯娃这位追求者追得很痛苦。因为她甚至还威胁他说，若是不马上接受她，她就自杀。柴可夫斯基天生敏感多愁，性格软弱。他去看望这可怜的生灵，她却立即哭泣着投入他的怀抱。他向这位姑娘提出警告，将自己各种坏习惯都袒露出来，但都无济于事。

最后，终于是在一种无可奈何的情况下，柴可夫斯基只得被迫和她结了婚。当然，他当时这样做，还有一部分个人原因。当时，他在写作歌剧《叶甫盖尼·奥涅金》，这部歌剧中的女主角曾向男主角献上她纯洁的爱，却遭到拒绝，最后只好另嫁他人。事后，奥涅金深感后悔。柴可夫斯基写这部作品时全神贯注，将自己想象成是其中的男主角，怕自己会后悔拒绝了米柳柯娃的求爱，可事实证明他错了。

1877年7月6日，他们在莫斯科圣乔治教堂举行了婚礼。"你幸福吗？我亲爱的？"米柳柯娃问他。婚礼结束后，这对新人就准备乘火车去圣彼得堡拜见柴可夫斯基的父亲了。"现在，真正的婚姻生活要开始了。"柴可夫斯基心想。身边陪伴他的是他的太太，这个身份让他恐惧，这样的生活也让他如此难以忍受。当火车车厢刚启动的那一刻，柴可夫斯基几乎哽咽得要大哭了。可新娘一点都没察觉到他的苦恼。

"她看起来总是愉快而心满意足。她觉得万事皆好，称心如意……我们对彼此的关系进行了更为明朗的对话，她积极地同意我所有的决定，从来没有更多的要求。她所需要的就是珍惜我、关心我。我保留了一切行动的自由。"

新婚的妻子为他们布置了新婚的公寓，她对新婚生活充满期待。可柴可夫斯基不这样想。他心中深怀着恐惧和沮丧，已经快走到发疯的边缘了。他盼望自己能够染上肺炎，或者可以幸运地病死，以躲避这场可怕的婚姻。为此，他也付诸了很大的努力。他在夜里跑到莫斯科河畔，走进齐胸的河水，牙齿因寒冷而不停地打着颤，他相信这样就可以染上肺炎，然后默默地死去。然而，事实却让他失望地发现，自己连感冒都没得上。

在跟米柳柯娃的婚姻进行了不到两个星期后，濒临崩溃的柴可夫斯基为了拯救自己，让弟弟造了封紧急召自己回圣彼得堡的伪信，然后"光明正大"地从新婚妻子那里逃了出来……

梅克夫人的情谊

柴可夫斯基的作品极多，其重要者，有钢琴曲二十七首，弦乐六首，交响乐六首，组曲四首，音诗九首，进行曲四首，序乐二首，歌剧十一个，舞乐四首，小提琴曲四首，大提琴曲二首，及歌曲约百首。这等作品的重心点，是第六交响乐，即"悲怆交响曲"。这一曲是他的全部艺术生涯的结实。

——摘自丰子恺《近世西洋十大音乐家故事》·柴可夫斯基

"有时候我真的很希望能够被一个女人温柔地触摸与疼爱。我常幻想被一个慈爱的女人所拥抱，我能够躺在她的腿上亲吻着她……"

柴可夫斯基的确向往过美好的婚姻生活，可他对妻子的"概念"却是错误的，只是在借婚姻取回早逝的母亲罢了。正是这种不正常的思想，才造就了柴可夫斯基不幸地只维持了9周的婚姻。幸好，这期间他与另外一个女人的友谊帮他度过了心灵上的难关。这是冯·梅克，比他大9岁的铁路大亨遗孀。她不仅帮助柴可夫斯基摆脱了经济上的贫困，还为他营造了一段安心作曲的美好时光。

冯·梅克夫人的丈夫原是在政府部门工作的工程师，因为薪资不够维持一个多子女的家庭，便在梅克夫人的劝说下辞去公务，从事铁路工程事业。依靠精明的经济头脑，梅克夫人协助丈夫铺建了从莫斯科到梁赞的铁路，并让梅克家族逐渐成为当时铁路界的大亨。可没想到正当家族事业蒸蒸日上的时候，梅克先生却因心脏病去世了。继承丈夫巨额财产的梅克夫人从此过着深居简出的生活，几乎不与外界接触。而她唯一的爱好，也就是演奏或欣赏音乐。弹琴高手尼古拉斯·鲁宾斯坦也因此成为她客厅里唯一的常客。

1876年，鲁宾斯坦来到她家，为她弹奏了柴可夫斯基的《暴风雨》。谁知，这乐曲一下抓住了梅克夫人的心，在她心里掀起了一场暴风雨。这样震人心魄的音乐会是怎样的人创作的呢？她从鲁宾斯坦那里问了个清楚。当了解到这伟大的音乐家过着如此贫苦的生活时，梅克夫人决定设法给他增加收入。

经过谨慎考虑，她决定以向柴可夫斯基购买音乐作品为由，来将丰厚的报酬资助给柴可夫斯基。不过，敏感的柴可夫斯基很快就意识到梅克夫人的用意了。当1877年5月，他第三次受到梅克夫人的委托，以一笔大得荒唐的费用要他写一首题为《谴责》的曲子时，他理智地拒绝了。"我不能够容忍任何虚假或欺骗潜入我们的关系"，"也不愿为了金钱而滥写毫无灵感的曲子"。

柴可夫斯基的真诚打动了梅克夫人。自此，他们之间开始了将近14年的通信往来。信函多达1200多封。他们通过通信来沟通彼此心灵，并约定"永不相见"，事实上，在他们通信的十几年里，也确实从未见过面。

音乐将他们连在一起。19世纪七八十年代的俄罗斯封建帝国正在走向没落，到处都是一片黑暗。柴可夫斯基的音乐给梅克夫人带来了慰藉。她说："在你的音乐中，有着多少快乐和忧愁呵——虽是忧愁，那却是谁也不肯放手的忧愁，在你的音乐中，一个人感到了他最高的权利，他最大的希望，和现实所不能供给的一种幸福。""你的音乐让我的心一次次地搏动。"

梅克夫人每年为柴可夫斯基寄去6000卢布，以保证他可以不受经济上的困扰，全心全意地创作音乐。自此，辞去音乐学院工作的柴可夫斯基也从此开始了创作的黄金时代。成熟而伟大的作品一部部被创作出：

第四、第五、第六交响曲以及标题交响曲《曼弗雷德》《叶甫盖尼·奥涅金》《黑桃皇后》等歌剧，还开创了《睡美人》《胡桃夹子》等芭蕾舞剧音乐，《D大调小提琴协奏曲》《意大利随想曲》《1812序曲》……

广袤的俄罗斯土地上，柴可夫斯基以他伟大的音乐才能、敏感而富于幻想的性格更加鲜明地表现出了这一民族特性。他创作的音乐范畴广泛、体裁众多。但无论在哪一个领域，他都有可以和世界一流作曲家比肩的作品。